PREFACIO

La colección de guías de conversación para viajar "Todo irá bien" publicada por T&P Books está diseñada para personas que viajan al extranjero para turismo y negocios. Las guías contienen lo más importante - los elementos esenciales para una comunicación básica.Éste es un conjunto de frases imprescindibles para "sobrevivir" mientras está en el extranjero.

Esta guía de conversación le ayudará en la mayoría de los casos donde usted necesite pedir algo, conseguir direcciones, saber cuánto cuesta algo, etc. Puede también resolver situaciones difíciles de la comunicación donde los gestos no pueden ayudar.

Este libro contiene muchas frases que han sido agrupadas según los temas más relevantes. Una sección separada del libro también ofrece un pequeño diccionario con más de 1.500 palabras importantes y útiles.

Llévese la guía de conversación "Todo irá bien" en el camino y tendrá una insustituible compañera de viaje que le ayudará a salir de cualquier situación y le enseñará a no temer hablar con extranjeros.

TABLA DE CONTENIDOS

Pronunciación	5
Lista de abreviaturas	7
Guía de conversación Español-Árabe	9
Diccionario Conciso	73

T&P Books Publishing

T&P Books Publishing

GUÍA DE CONVERSACIÓN
ÁRABE

LAS PALABRAS Y LAS FRASES MÁS ÚTILES

Esta Guía de Conversación contiene las frases y las preguntas más comunes necesitadas para una comunicación básica con extranjeros

Andrey Taranov

T&P BOOKS

Guía de conversación + diccionario de 1500 palabras

Guía de conversación Español-Árabe y diccionario conciso de 1500 palabras

por Andrey Taranov

La colección de guías de conversación para viajar "Todo irá bien" publicada por T&P Books está diseñada para personas que viajan al extranjero para turismo y negocios. Las guías contienen lo más importante - los elementos esenciales para una comunicación básica. Éste es un conjunto de frases imprescindibles para "sobrevivir" mientras está en el extranjero.

Una otra sección del libro también ofrece un pequeño diccionario con más de 1.500 palabras útiles. El diccionario incluye muchos términos gastronómicos y será de gran ayuda para pedir los alimentos en un restaurante o comprando comestibles en la tienda.

T&P Books Publishing
www.tpbooks.com

ISBN: 978-1-78716-963-0

Este libro está disponible en formato electrónico o de E-Book también.
Visite www.tpbooks.com o las librerías electrónicas más destacadas en la Red.

PRONUNCIACIÓN

T&P alfabeto fonético	Ejemplo Árabe	Ejemplo español
[a]	[ṭaffa] طَفَى	radio
[ā]	[iχtār] إختار	contraataque
[e]	[hamburger] هامبورجر	verano
[i]	[zifāf] زفاف	ilegal
[ī]	[abrīl] أبريل	destino
[u]	[kalkutta] كلكتا	mundo
[ū]	[ʒāmūs] جاموس	nocturna
[b]	[bidāya] بداية	en barco
[d]	[sa'āda] سعادة	desierto
[ḍ]	[waḍ'] وضع	[d] faríngea
[ʒ]	[arʒantīn] الأرجنتين	adyacente
[ð]	[tiðkār] تذكار	alud
[z]	[zahar] ظهر	[z] faríngea
[f]	[χafīf] خفيف	golf
[g]	[gūlf] جولف	jugada
[h]	[ittiʒāh] إتّجاه	registro
[ḥ]	[aḥabb] أحبّ	[h] faríngea
[y]	[ðahabiy] ذهبيّ	asiento
[k]	[kursiy] كرسيّ	charco
[l]	[lamaḥ] لمح	lira
[m]	[marṣad] مرصد	nombre
[n]	[ʒanūb] جنوب	sonar
[p]	[kaputʃīnu] كابتشينو	precio
[q]	[waθiq] وثق	catástrofe
[r]	[rūḥ] روح	era, alfombra
[s]	[suχriyya] سخرية	salva
[ṣ]	[mi'ṣam] معصم	[s] faríngea
[ʃ]	['aʃā'] عشاء	shopping
[t]	[tannūb] تنّوب	torre
[ṭ]	[χarīṭa] خريطة	[t] faríngea
[θ]	[mamūθ] ماموث	pinzas
[v]	[vitnām] فيتنام	travieso
[w]	[wadda'] ودّع	acuerdo
[χ]	[baχīl] بخيل	reloj
[ɣ]	[taɣadda] تغدّى	amigo, magnífico
[z]	[mā'iz] ماعز	desde

T&P alfabeto fonético	Ejemplo Árabe	Ejemplo español
['] (ayn)	سبعة [sab'a]	fricativa faríngea sonora
['] (hamza)	سأل [sa'al]	oclusiva glotal sorda

LISTA DE ABREVIATURAS

Abreviatura en Árabe

du	-	sustantivo plural (doble)
f	-	sustantivo femenino
m	-	sustantivo masculino
pl	-	plural

Abreviatura en español

adj	-	adjetivo
adv	-	adverbio
anim.	-	animado
conj	-	conjunción
etc.	-	etcétera
f	-	sustantivo femenino
f pl	-	femenino plural
fam.	-	uso familiar
fem.	-	femenino
form.	-	uso formal
inanim.	-	inanimado
innum.	-	innumerable
m	-	sustantivo masculino
m pl	-	masculino plural
m, f	-	masculino, femenino
masc.	-	masculino
mat	-	matemáticas
mil.	-	militar
num.	-	numerable
p.ej.	-	por ejemplo
pl	-	plural
pron	-	pronombre
sg	-	singular
v aux	-	verbo auxiliar
vi	-	verbo intransitivo
vi, vt	-	verbo intransitivo, verbo transitivo
vr	-	verbo reflexivo
vt	-	verbo transitivo

T&P BOOKS

GUÍA DE
CONVERSACIÓN
ÁRABE

Esta sección contiene frases
importantes que pueden
resultar útiles en varias
situaciones de la vida real.
La Guía le ayudará a pedir
direcciones, aclaración
sobre precio, comprar billetes,
y pedir alimentos en un
restaurante

T&P Books Publishing

CONTENIDO DE LA GUÍA DE CONVERSACIÓN

Lo más imprescindible 12
Preguntas 15
Necesidades 16
Preguntar por direcciones 18
Carteles 20
Transporte. Frases generales 22
Comprar billetes 24
Autobús 26
Tren 28
En el tren. Diálogo (Sin billete) 29
Taxi 30
Hotel 32
Restaurante 35
De Compras 37
En la ciudad 39
Dinero 41

Tiempo	43
Saludos. Presentaciones.	45
Despedidas	47
Idioma extranjero	49
Disculpas	50
Acuerdos	51
Rechazo. Expresar duda	52
Expresar gratitud	54
Felicitaciones , Mejores Deseos	55
Socializarse	56
Compartir impresiones. Emociones	59
Problemas, Accidentes	61
Problemas de salud	64
En la farmacia	67
Lo más imprescindible	69

T&P Books Publishing

Lo más imprescindible

Perdone, ...	ba'd ezznak, ... بعد إذنك، ...
Hola.	ahlan أهلا
Gracias.	ʃokran شكراً

Sí.	aywā أيوة
No.	la'a لأ
No lo sé.	ma'raʃʃ ما أعرفش
¿Dónde?	¿A dónde?	¿Cuándo?	feyn?	lefeyn?	emta? فين؟	لفين؟	إمتى؟

Necesito ...	meḥtāg ... محتاج ...
Quiero ...	'āyez ... عايز ...
¿Tiene ...?	ya tara 'andak ...? يا ترى عندك... ؟
¿Hay ... por aquí?	feyh hena ...? فيه هنا ...؟
¿Puedo ...?	momken ...? ممكن ...؟
..., por favor? (petición educada)	... men faḍlak ... من فضلك

Busco ...	ana badawwar 'la ... أنا بادور على ...
el servicio	ḥammām حمام
un cajero automático	makīnet ṣarraf 'āaly ماكينة صراف آلي
una farmacia	ṣaydaliya صيدلية
el hospital	mostaʃʃa مستشفى

la comisaría	'essm el ʃorṭa قسم شرطة
el metro	metro el anfā' مترو الأنفاق

un taxi	taksi تاكسي
la estación de tren	mahattet el 'attr محطة القطر

Me llamo …	essmy … إسمي...
¿Cómo se llama?	essmak eyh? اسمك إيه؟
¿Puede ayudarme, por favor?	te'ddar tesā'dny? تقدر تساعدني؟
Tengo un problema.	ana 'andy moʃkela أنا عندي مشكلة
Me encuentro mal.	ana ta'bān أنا تعبان
¡Llame a una ambulancia!	otlob 'arabeyet es'āf! أطلب عربية إسعاف!
¿Puedo llamar, por favor?	momken a'mel mokalma telefoniya? ممكن أعمل مكالمة تليفونية؟

Lo siento.	ana 'āssif أنا آسف
De nada.	el 'afw العفو

Yo	ana أنا
tú	enta أنت
él	howwa هو
ella	hiya هي
ellos	homm هم
ellas	homm هم
nosotros /nosotras/	ehna احنا
ustedes, vosotros	entom انتم
usted	haddretak حضرتك

ENTRADA	doχūl دخول
SALIDA	χorūg خروج
FUERA DE SERVICIO	'attlān عطلان
CERRADO	moɣlaq مغلق

ABIERTO	maftūḥ
	مفتوح
PARA SEÑORAS	lel sayedāt
	للسيدات
PARA CABALLEROS	lel regāl
	للرجال

Preguntas

¿Dónde?	feyn? فين؟
¿A dónde?	lefeyn? لفين؟
¿De dónde?	men feyn? من فين؟
¿Por qué?	leyh? ليه؟
¿Con que razón?	le'ayī sabab? لأي سبب؟
¿Cuándo?	emta? إمتى؟

¿Cuánto tiempo?	leḥadd emta? لحد إمتى؟
¿A qué hora?	fi ayī sā'a? في أي ساعة؟
¿Cuánto?	bekām? بكام؟
¿Tiene ...?	ya tara 'andak ...? يا ترى عندك ...؟
¿Dónde está ...?	feyn ...? فين ...؟

¿Qué hora es?	el sā'a kām? الساعة كام؟
¿Puedo llamar, por favor?	momken a'mel moxalma telefoniya? ممكن أعمل مكالمة تليفونية؟
¿Quién es?	meyn henāk? مين هناك؟
¿Se puede fumar aquí?	momken addaxen hena? ممكن أدخن هنا؟
¿Puedo ...?	momken ...? ممكن ...؟

Necesidades

Quisiera ...
ahebb ...
أحب ...

No quiero ...
meʃ ʿāyiz ...
مش عايز ...

Tengo sed.
ana ʿaṭʃān
أنا عطشان

Tengo sueño.
ʿāyez anām
عايز أنام

Quiero ...
ʿāyez ...
عايز ...

lavarme
atʃaṭṭaf
أتشطف

cepillarme los dientes
aɣsel senāny
أغسل سناني

descansar un momento
artāḥ ʃwaya
أرتاح شوية

cambiarme de ropa
aɣayar hodūmy
أغير هدومي

volver al hotel
arga' lel fondoq
أرجع للفندق

comprar ...
ʃerā' ...
شراء ...

ir a ...
arūḥ le ...
أروح لـ ...

visitar ...
azūr ...
أزور ...

quedar con ...
a'ābel ...
أقابل ...

hacer una llamada
a'mel mokalma telefoniya
أعمل مكالمة تليفونية

Estoy cansado /cansada/.
ana ta'bān
أنا تعبان

Estamos cansados /cansadas/.
eḥna ta'bānīn
إحنا تعبانين

Tengo frío.
ana bardān
أنا بردان

Tengo calor.
ana ḥarran
أنا حران

Estoy bien.
ana kowayes
أنا كويس

Tengo que hacer una llamada.	mehtāg a'mel mokalma telefoneya
	محتاج أعمل مكالمة تليفونية
Necesito ir al servicio.	mehtāg arūh el ḥammam
	محتاج أروح الحمام
Me tengo que ir.	lāzem amʃy
	لازم أمشي
Me tengo que ir ahora.	lāzem amʃy dellwa'ty
	لازم أمشي دلوقتي

Preguntar por direcciones

Perdone, ...	ba'd ezznak, ... بعد إذنك، ...
¿Dónde está ...?	feyn ...? فين ...؟
¿Por dónde está ...?	meneyn ...? منين ...؟
¿Puede ayudarme, por favor?	momken tesā'edny, men faḍlak? ممكن تساعدني، من فضلك؟

Busco ...	ana badawwar 'la ... أنا بادور على ...
Busco la salida.	baddawwar 'la ṭarīq el xorūg بادور على طريق الخروج
Voy a ...	ana rāyeḥ le... أنا رايح لـ...
¿Voy bien por aquí para ...?	ana māʃy fel ṭarīq el ṣahh le ...? أنا ماشي في الطريق الصح لـ... ؟

¿Está lejos?	howwa be'īd? هو بعيد؟
¿Puedo llegar a pie?	momken awṣal henāk māʃy? ممكن أوصل هناك ماشي؟
¿Puede mostrarme en el mapa?	momken tewarrīny 'lal xarīṭa? ممكن توريني على الخريطة؟
Por favor muestreme dónde estamos.	momken tewarrīny ehna feyn dellwa'ty? ممكن توريني إحنا فين دلوقتي؟

Aquí	hena هنا
Allí	henāk هناك
Por aquí	men hena من هنا

Gire a la derecha.	oddxol yemīn ادخل يمين
Gire a la izquierda.	oddxol ʃemal ادخل شمال
la primera (segunda, tercera) calle	awwel (tāny, tālet) ʃāre' أول (تاني، تالت) شارع
a la derecha	'lal yemīn على اليمين

a la izquierda	'lal ʃemal
	على الشمال
Siga recto.	'la ṭūl
	على طول

Carteles

¡BIENVENIDO!	marḥaba مرحبا
ENTRADA	doχūl دخول
SALIDA	χorūg خروج
EMPUJAR	eddfaʿ إدفع
TIRAR	ess-ḥab إسحب
ABIERTO	maftūḥ مفتوح
CERRADO	moγlaq مغلق
PARA SEÑORAS	lel sayedāt للسيدات
PARA CABALLEROS	lel regāl للرجال
CABALLEROS	el sāda السادة
SEÑORAS	el sayedāt السيدات
REBAJAS	taχfīdāt تخفيضات
VENTA	okazyõn اوكازيون
GRATIS	maggānan مجانا
¡NUEVO!	gedīd! جديد!
ATENCIÓN	ennttabeh! إنتبه!
COMPLETO	mafīʃ makān ما فيش مكان
RESERVADO	maḥgūz محجوز
ADMINISTRACIÓN	el edāra الإدارة
SÓLO PERSONAL AUTORIZADO	lel ʿāmelīn faqaṭ للعاملين فقط

CUIDADO CON EL PERRO	ehhtaress men el kalb! إحترس من الكلب!
NO FUMAR	mammnū' el tadχīn! ممنوع التدخين!
NO TOCAR	mammnū' el lammss! ممنوع اللمس!

PELIGROSO	χatīr خطير
PELIGRO	χatar خطر
ALTA TENSIÓN	gohd 'āly جهد عالي
PROHIBIDO BAÑARSE	mammnū' el sebāha! ممنوع السباحة!

FUERA DE SERVICIO	'attlān عطلان
INFLAMABLE	qābel lel eʃte'āl قابل للإشتعال
PROHIBIDO	mammnū' ممنوع
PROHIBIDO EL PASO	mammnū' el taχatty! ممنوع التخطي!
RECIÉN PINTADO	talā' hadiis طلاء حديث

CERRADO POR RENOVACIÓN	moγlaq lel tagdedāt مغلق للتجديدات
EN OBRAS	aʃγāl fel tarīq أشغال في الطريق
DESVÍO	monhany منحنى

Transporte. Frases generales

el avión	tayāra طيارة
el tren	'attr قطر
el bus	otobiis اوتوبيس
el ferry	safīna سفينة
el taxi	taksi تاكسي
el coche	'arabiya عربية
el horario	gadwal جدول
¿Dónde puedo ver el horario?	a'dar aʃūf el gadwal feyn? أقدر أشوف الجدول فين؟
días laborables	ayām el ossbū' أيام الأسبوع
fines de semana	nehāyet el osbū' نهاية الأسبوع
días festivos	el 'agazāt الأجازات
SALIDA	el saffar السفر
LLEGADA	el wosūl الوصول
RETRASADO	mett'xara متأخرة
CANCELADO	molɣā ملغاه
siguiente (tren, etc.)	el gayī الجاي
primero	el awwel الأول
último	el 'axīr الأخير
¿Cuándo pasa el siguiente ...?	emta el ... elly gayī? إمتى الـ ... إللي جاي؟
¿Cuándo pasa el primer ...?	emta awwel ...? إمتى اول ...؟

¿Cuándo pasa el último …?	emta 'āχer …? إمتى آخر ...؟
el trasbordo (cambio de trenes, etc.)	tabdīl تبديل
hacer un trasbordo	abaddel أبدل
¿Tengo que hacer un trasbordo?	hal aḥtāg le tabdīl el…? هل أحتاج لتبديل الـ...؟

Comprar billetes

¿Dónde puedo comprar un billete?	meneyn momken aʃtery tazāker? منين ممكن أشتري تذاكر؟
el billete	tazzkara تذكرة
comprar un billete	ʃerā' tazāker شراء تذاكر
precio del billete	as'ār el tazāker أسعار التذاكر
¿Para dónde?	lefeyn? لفين؟
¿A qué estación?	le'ayī mahatta? لأي محطة؟
Necesito ...	mehtāg ... محتاج ...
un billete	tazzkara wahda تذكرة واحدة
dos billetes	tazzkarteyn تذكرتين
tres billetes	talat tazāker تلات تذاكر
sólo ida	zehāb faqatt ذهاب فقط
ida y vuelta	zehāb we 'awda ذهاب وعودة
en primera (primera clase)	daraga ūla درجة أولى
en segunda (segunda clase)	daraga tanya درجة ثانية
hoy	el naharda النهاردة
mañana	bokra بكرة
pasado mañana	ba'd bokra بعد بكرة
por la mañana	el sobh الصبح
por la tarde	ba'd el zohr بعد الظهر
por la noche	bel leyl بالليل

asiento de pasillo	korsy mammar
	كرسي ممر
asiento de ventanilla	korsy ʃebbāk
	كرسي شباك
¿Cuánto cuesta?	bekām?
	بكام؟
¿Puedo pagar con tarjeta?	momken addfaʿ be kart eˈtemān?
	ممكن أدفع بكارت إئتمان؟

Autobús

el autobús	el otobiis الأوتوبيس
el autobús interurbano	otobiis beyn el moddon أوتوبيس بين المدن
la parada de autobús	mahattet el otobiis محطة الأوتوبيس
¿Dónde está la parada de autobuses más cercana?	feyn aqrab mahattet otobiis? فين أقرب محطة أوتوبيس؟
número	raqam رقم
¿Qué autobús tengo que tomar para ...?	ʾāχod ayī otobiis le ...? آخذ أي اوتوبيس لـ...؟
¿Este autobús va a ...?	el otobiis da beyrūh ...? الأوتوبيس دة بيروح ...؟
¿Cada cuanto pasa el autobús?	el otobiis beyīgi kol ʾadd eyh? الأوتوبيس بيجي كل قد إيه؟
cada 15 minutos	kol χamasstāʃar daqīqa كل 15 دقيقة
cada media hora	kol noṣṣ sāʿa كل نص ساعة
cada hora	kol sāʿa كل ساعة
varias veces al día	kaza marra fel yome كذا مرة في اليوم
... veces al día	... marrat fell yome ... مرات في اليوم
el horario	gadwal جدول
¿Dónde puedo ver el horario?	aʿdar aʃūf el gadwal feyn? أقدر أشوف الجدول فين؟
¿Cuándo pasa el siguiente autobús?	emta el otobīss elly gayī? إمتى الأتوبيس إللي جاي؟
¿Cuándo pasa el primer autobús?	emta awwel otobiis? إمتى أول أوتوبيس؟
¿Cuándo pasa el último autobús?	emta ʾāχer otobiis? إمتى آخر أوتوبيس؟
la parada	mahatta محطة
la siguiente parada	el mahatta el gaya المحطة الجاية

la última parada

axer mahatta

آخر محطة (أخر الخط)

Pare aquí, por favor.

laww samaht, wa'eff hena

لو سمحت، وقف هنا

Perdone, esta es mi parada.

ba'd ezznak, di mahattetti

بعد إذنك، دي محطتي

Tren

el tren	el 'attr القطر
el tren de cercanías	'attr el dawāhy قطر الضواحي
el tren de larga distancia	'attr el masāfāt el tawīla قطر المسافات الطويلة
la estación de tren	mahattet el 'attr محطة القطر
Perdone, ¿dónde está la salida al anden?	ba'd ezznak, meneyn el tarīq lel rasīf بعد إذنك، منين الطريق للرصيف؟

¿Este tren va a ...?	el 'attr da beyrūh ...? القطر دة بيروح ...؟
el siguiente tren	el 'attr el gayī? القطر الجاي؟
¿Cuándo pasa el siguiente tren?	emta el 'attr elly gayī? إمتى القطر إللي جاي؟
¿Dónde puedo ver el horario?	a'dar aʃūf el gadwal feyn? أقدر أشوف الجدول فين؟
¿De qué andén?	men ayī rasīf? من أي رصيف؟
¿Cuándo llega el tren a ...?	emta yewsal el 'attr ...? إمتى يوصل القطر ... ؟

Ayudeme, por favor.	argūk sā'dny ارجوك ساعدني
Busco mi asiento.	baddawwar 'lal korsy betā'y بادور على الكرسي بتاعي
Buscamos nuestros asientos.	ehna benndawwar 'la karāsy إحنا بندور على كراسي
Mi asiento está ocupado.	el korsy betā'i maʃgūl الكرسي بتاعي مشغول
Nuestros asientos están ocupados.	karaseyna maʃgūla كراسينا مشغولة

Perdone, pero ese es mi asiento.	'ann ezznak, el korsy da betā'y عن إذنك، الكرسي دة بتاعي
¿Está libre?	el korsy da mahgūz? الكرسي دة محجوز؟
¿Puedo sentarme aquí?	momken a''od hena? ممكن أقعد هنا؟

En el tren. Diálogo (Sin billete)

Su billete, por favor.	tazāker men faḍlak تذاكر من فضلك
No tengo billete.	ma'andīʃ tazzkara ما عنديش تذكرة
He perdido mi billete.	tazzkarty ḍāʿet تذكرتي ضاعت
He olvidado mi billete en casa.	nesīt tazkarty fel beyt نسيت تذكرتي في البيت
Le puedo vender un billete.	momken teʃtery menny tazkara ممكن تشتري مني تذكرة
También deberá pagar una multa.	lāzem teddfaʿ yarāma kaman لازم تدفع غرامة كمان
Vale.	tamām تمام
¿A dónde va usted?	enta rāyeḥ feyn? إنت رايح فين؟
Voy a ...	ana rāyeḥ le... أنا رايح لـ...
¿Cuánto es? No lo entiendo.	bekām? ana meʃ fāhem بكام؟ أنا مش فاهم
Escríbalo, por favor.	ektebha laww samaḥt إكتبها لو سمحت
Vale. ¿Puedo pagar con tarjeta?	tamām. momken addfaʿ be kredit kard? تمام. ممكن أدفع بكريدت كارد؟
Sí, puede.	aywā momken أيوة ممكن
Aquí está su recibo.	ettfaḍḍal el īṣāl اتفضل الإيصال
Disculpe por la multa.	'āssef beҳeṣūṣ el yarāma آسف بخصوص الغرامة
No pasa nada. Fue culpa mía.	mafīʃ moʃkela. di yaltety ما فيش مشكلة. دي غلطتي
Disfrute su viaje.	esstammteʿ be reḥlatek استمتع برحلتك

Taxi

taxi	taksi تاكسي
taxista	sawwā' el taksi سواق التاكسي
coger un taxi	'āxod taksi آخد تاكسي
parada de taxis	maw'af taksi موقف تاكسي
¿Dónde puedo coger un taxi?	meneyn āxod taksi? منين آخد تاكسي؟
llamar a un taxi	an tattlob taksi أن تطلب تاكسي
Necesito un taxi.	ahtāg taksi أحتاج تاكسي
Ahora mismo.	al'āan الآن
¿Cuál es su dirección?	ma howa 'ennwānak? ما هو عنوانك؟
Mi dirección es ...	'ennwāny fi ... عنواني في ...
¿Cuál es el destino?	ettegāhak? إتجاهك؟
Perdone, ...	ba'd ezznak, ... بعد إذنك، ...
¿Está libre?	enta fādy? إنت فاضي؟
¿Cuánto cuesta ir a ...?	bekām arūh...? بكام أروح...؟
¿Sabe usted dónde está?	te'raf hiya feyn? تعرف هي فين؟
Al aeropuerto, por favor.	el matār men fadlak المطار من فضلك
Pare aquí, por favor.	wa'eff hena, laww samaht وقف هنا، لو سمحت
No es aquí.	mef hena مش هنا
La dirección no es correcta.	da 'enwān xalat دة عنوان غلط
Gire a la izquierda.	oddxol femal ادخل شمال
Gire a la derecha.	oddxol yemīn ادخل يمين

¿Cuánto le debo?	'layī līk kām? علي لك كام؟
¿Me da un recibo, por favor?	'āyez īşāl men faḍlak. عايز إيصال، من فضلك.
Quédese con el cambio.	xally el bā'y خلي الباقي
Espéreme, por favor.	momken tesstannāny laww samaḥt? ممكن تستناني لو سمحت؟
cinco minutos	xamas daqā'eq خمس دقائق
diez minutos	'aʃar daqā'eq عشر دقائق
quince minutos	rob' sā'a ربع ساعة
veinte minutos	telt sā'a تلت ساعة
media hora	noşş sā'a نص ساعة

Hotel

Hola.	ahlan أهلا
Me llamo …	essmy … إسمي …
Tengo una reserva.	'andy ḥaggz عندي حجز
Necesito …	meḥtāg … محتاج …
una habitación individual	yorfa moffrada غرفة مفردة
una habitación doble	yorfa mozzdawwaga غرفة مزدوجة
¿Cuánto cuesta?	se'raha kām? سعرها كام؟
Es un poco caro.	di yalya ʃewaya دي غالية شوية
¿Tiene alguna más?	'andak xayarāt tanya? عندك خيارات تانية؟
Me quedo.	haxod-ha ح أخدها
Pagaré en efectivo.	haddfa' naqqdy ح أدفع نقدي
Tengo un problema.	ana 'andy moʃkela أنا عندي مشكلة
Mi … no funciona.	… maksūr …مكسور
Mi … está fuera de servicio.	… 'aṭlān /'aṭlāna/ /عطلان /عطلانة…
televisión	el televizyōn التليفزيون
aire acondicionado	el takyīf التكييف
grifo	el ḥanafiya (~ 'aṭlāna) الحنفية
ducha	el doʃ الدش
lavabo	el banyo البانيو
caja fuerte	el xāzena (~ 'aṭlāna) الخازنة

cerradura	'effl el bāb
	قفل الباب
enchufe	maxrag el kahraba
	مخرج الكهربا
secador de pelo	mogaffef el ʃaʻr
	مجفف الشعر

No tengo …	maʻandīʃ …
	ما عنديش …
agua	maya
	مية
luz	nūr
	نور
electricidad	kahraba
	كهربا

¿Me puede dar …?	momken teddīny …?
	ممكن تديني …؟
una toalla	fūta
	فوطة
una sábana	battaneya
	بطانية
unas chanclas	ʃebʃeb
	شبشب
un albornoz	robe
	روب
un champú	ʃambū
	شامبو
jabón	sabūn
	صابون

Quisiera cambiar de habitación.	ahebb ayayar el oda
	أحب أغير الأوضة
No puedo encontrar mi llave.	meʃ lā'y meftāhy
	مش لاقي مفتاحي
Por favor abra mi habitación.	momken tefftah oddty men fadlak?
	ممكن تفتح أوضتي من فضلك؟
¿Quién es?	meyn henāk?
	مين هناك؟
¡Entre!	ettfaddal!
	إتفضل!
¡Un momento!	daqīqa wāheda!
	دقيقة واحدة!
Ahora no, por favor.	meʃ dellwa'ty men fadlak
	مش دلوقتي من فضلك

Venga a mi habitación, por favor.	taʻāla oddty laww samaht
	تعالى أوضتي لو سمحت
Quisiera hacer un pedido.	'āyez talab men xeddmet el wagabāt
	عايز طلب من خدمة الوجبات
Mi número de habitación es …	raqam oddty howa …
	رقم أوضتي هو …

Me voy …	ana mãʃy … أنا ماشي ...
Nos vamos …	eḥna maʃyĩn … إحنا ماشيين ...
Ahora mismo	dellwaʾty دلوقتي
esta tarde	baʿd el ẓohr بعد الظهر
esta noche	el leyla di الليلة دي
mañana	bokra بكرة
mañana por la mañana	bokra el ṣobh بكرة الصبح
mañana por la noche	bokra bel leyl بكرة بالليل
pasado mañana	baʿd bokra بعد بكرة

Quisiera pagar la cuenta.	aḥebb adfaʿ أحب أدفع
Todo ha estado estupendo.	kol ʃeyʾ kan rãʾeʿ كل شيء كان رائع
¿Dónde puedo coger un taxi?	feyn momken alãʾy taksi? فين ممكن ألاقي تاكسي؟
¿Puede llamarme un taxi, por favor?	momken toṭṭlob lī taksi laww samaḥt? ممكن تطلب لي تاكسي لو سمحت؟

Restaurante

¿Puedo ver el menú, por favor?	momken aʃuf qāʾema el ṭaʿām men faḍlak? ممكن أشوف قائمة الطعام من فضلك؟
Mesa para uno.	tarabeyza le ʃaҳṣ wāḥed ترابيزة لشخص واحد
Somos dos (tres, cuatro).	eḥnạ etneyn (talāta, arbaʿa) إحنا اتنين (ثلاثة، أربعة)
Para fumadores	modaҳenīn مدخنين
Para no fumadores	ɣeyr moddaҳenīn غير مدخنين
¡Por favor! (llamar al camarero)	laww samaḥt لو سمحت
la carta	qāʾemat el ṭaʿām قائمة الطعام
la carta de vinos	qāʾemat el nebīz قائمة النبيذ
La carta, por favor.	el qāʾema, laww samaḥt القائمة، لو سمحت
¿Está listo para pedir?	mosstaʿed toṭtlob? مستعد تطلب؟
¿Qué quieren pedir?	haṭāҳod eh? ح تاخد إيه؟
Yo quiero …	ana ḥāҳod … أنا ح أخد …
Soy vegetariano.	ana nạbāty أنا نباتي
carne	laḥma لحم
pescado	samakk سمك
verduras	ҳoḍār خضار
¿Tiene platos para vegetarianos?	ʿandak aṭtḅāq nabātiya? عندك أطباق نباتية؟
No como cerdo.	lā ʾāakol el ҳanzīr لا أكل الخنزير
Él /Ella/ no come carne.	howwa /hiya/ la tākol el laḥm هو/هي/ لا تأكل اللحم

Soy alérgico a …	'andy ḥasasseya men … عندي حساسية من ...
¿Me puede traer …, por favor?	momken tegīb lī … ممكن تجيب لي...
sal | pimienta | azúcar	melḥ | felfel | sokkar ملح ا فلفل ا سكر
café | té | postre	'ahwa | ʃāy | ḥelw قهوة ا شاي ا حلو
agua | con gas | sin gas	meyāh | ɣaziya | 'adiya مياه ا غازية ا عادية
una cuchara | un tenedor | un cuchillo	ma'la'a | ʃowka | sekkīna ملعقة ا شوكة ا سكينة
un plato | una servilleta	tabaq | fūṭa طبق افوطة

¡Buen provecho!	bel hana wel ʃefa بالهنا والشفا
Uno más, por favor.	waḥda kamān laww samaḥt واحدة كمان لو سمحت
Estaba delicioso.	kanet lazīza geddan كانت لذيذة جدا

la cuenta | el cambio | la propina	ʃīk | fakka | ba'ʃīʃ شيك افكة ابقشيش
La cuenta, por favor.	momken el hesāb laww samaḥt? ممكن الحساب لو سمحت؟
¿Puedo pagar con tarjeta?	momken addfa' be kart e'temān? ممكن أدفع بكارت إئتمان؟
Perdone, aquí hay un error.	ana 'āssif, feyh ɣalṭa hena أنا آسف، في غلطة هنا

De Compras

¿Puedo ayudarle?	momken asaʿdak?
	ممكن أساعدك؟
¿Tiene ...?	ya tara ʿandak ...?
	يا ترى عندك ...؟
Busco ...	ana badawwar ʿla ...
	أنا بادور على ...
Necesito ...	mehtāg ...
	محتاج ...

Sólo estoy mirando.	ana battfarrag
	أنا بأتفرج
Sólo estamos mirando.	ehna benettfarrag
	إحنا بنتفرج
Volveré más tarde.	hāgy baʿdeyn
	ح أجي بعدين
Volveremos más tarde.	haneygy baʿdeyn
	ح نيجي بعدين
descuentos | oferta	taxfīdāt | okazyōn
	تخفيضات | أوكازيون

Por favor, enséñeme ...	momken tewarrīny ... laww samaht?
	ممكن توريني ... لو سمحت؟
¿Me puede dar ..., por favor?	momken teddīny ... laww samaht
	ممكن تديني ... لو سمحت
¿Puedo probármelo?	momken aʾīs?
	ممكن أقيس؟
Perdone, ¿dónde están los probadores?	laww samaht, feyn el brova?
	لو سمحت، فين البروفا؟
¿Qué color le gustaría?	ʿāyez ayī lone?
	عايز أي لون؟
la talla | el largo	maqās | tūl
	مقاس ا طول
¿Cómo le queda? (¿Está bien?)	ya tara el maqās mazbūt?
	يا ترى المقاس مضبوظ؟

¿Cuánto cuesta esto?	bekām?
	بكام؟
Es muy caro.	da ɣāly geddan
	دة غالي جدا
Me lo llevo.	haftereyh
	ح أشتريه
Perdone, ¿dónde está la caja?	baʿd ezznak, addfaʿ feyn laww samaht?
	بعد إذنك، أدفع فين لو سمحت؟

| ¿Pagará en efectivo o con tarjeta? | hateddfaʿ naqqdan walla be kart e'temān?
ح تدفع نقدا ولا بكارت إئتمان؟ |
| en efectivo \| con tarjeta | naqdan \| be kart e'temān
نقدا ا بكارت إئتمان |

¿Quiere el recibo?	ʿāyez īṣāl? عايز إيصال؟
Sí, por favor.	aywā, men faḍlak أيوة، من فضلك
No, gracias.	lā, mafīʃ moʃkela لا، ما فيش مشكلة
Gracias. ¡Que tenga un buen día!	ʃokran. yome saʿīd شكرا. يوم سعيد

En la ciudad

Perdone, por favor.	ba'd ezznak, laww samaḥt بعد إذنك، لو سمحت
Busco ...	ana badawwar 'la ... أنا بادور على ...
el metro	metro el anfā' مترو الأنفاق
mi hotel	el fondo' betā'i الفندق بتاعي
el cine	el sinema السينما
una parada de taxis	maw'af taksi موقف تاكسي
un cajero automático	makīnet ṣarraf 'āaly ماكينة صراف آلي
una oficina de cambio	maktab ṣarrafa مكتب صرافة
un cibercafé	maqha internet مقهى انترنت
la calle ...	ʃāre'... ... شارع
este lugar	el makān da المكان دة
¿Sabe usted dónde está ...?	hal te'raf feyn ...? هل تعرف فين ...؟
¿Cómo se llama esta calle?	essmu eyh el ʃāre' da? اسمه إيه الشارع دة؟
Muestreme dónde estamos ahora.	momken tewarrīny eḥna feyn dellwa'ty? ممكن توريني إحنا فين دلوقتي؟
¿Puedo llegar a pie?	momken awṣal ḥenāk māʃy? ممكن أوصل هناك ماشي؟
¿Tiene un mapa de la ciudad?	'andak χarīṭa lel madīna? عندك خريطة للمدينة؟
¿Cuánto cuesta la entrada?	bekām tazkaret el doχūl? بكام تذكرة الدخول؟
¿Se pueden hacer fotos aquí?	momken aṣṣawwar hena? ممكن أصور هنا؟
¿Está abierto?	entom fatt-ḥīn? إنتم فاتحين؟

¿A qué hora abren?

emta betefftaḥu?

إمتى بتفتحوا؟

¿A qué hora cierran?

emta bete'ffelu?

إمتى بتقفلوا؟

Dinero

dinero	folūss فلوس
efectivo	naqdy نقدي
billetes	folūss waraqiya فلوس ورقية
monedas	fakka فكة
la cuenta | el cambio | la propina	ʃik | fakka | ba'ʃiʃ شيك أفكة أبقشيش
la tarjeta de crédito	kart e'temān كارت إئتمان
la cartera	maḥfaza محفظة
comprar	ʃerā' شراء
pagar	daf' دفع
la multa	ɣarāma غرامة
gratis	maggānan مجانا
¿Dónde puedo comprar …?	feyn momken aʃtery …? فين ممكن أشتري …؟
¿Está el banco abierto ahora?	hal el bank fāteḥ dellwa'ty هل البنك فاتح دلوقتي؟
¿A qué hora abre?	emta betefftaḥ? إمتى بيفتح؟
¿A qué hora cierra?	emta beye'ffel? إمتى بيقفل؟
¿Cuánto cuesta?	bekām? بكام؟
¿Cuánto cuesta esto?	bekām da? بكام دة؟
Es muy caro.	da ɣāly geddan دة غالي جدا
Perdone, ¿dónde está la caja?	ba'd ezznak, addfa' feyn laww samaḥt? بعد إذنك، أدفع فين لو سمحت؟
La cuenta, por favor.	el ḥesāb men faḍlak الحساب من فضلك

¿Puedo pagar con tarjeta?	momken addfa' þe kart e'temān?
	ممكن أدفع بكارت إئتمان؟
¿Hay un cajero por aquí?	feyh hena makīnet ṣarraf ʾāaly?
	فيه هنا ماكينة صراف آلي؟
Busco un cajero automático.	baddawwar 'la makīnet ṣarraf ʾālly
	بادور على ماكينة صراف آلي
Busco una oficina de cambio.	baddawwar 'la maktab ṣarrāfa
	بادور على مكتب صرافة
Quisiera cambiar …	'āyez aɣayar …
	عايز أغير …
¿Cuál es el tipo de cambio?	se'r el 'omla kām?
	سعر العملة كام؟
¿Necesita mi pasaporte?	enta mehtāg gawāz safary?
	إنت محتاج جواز سفري؟

Tiempo

¿Qué hora es?	el sāʻa kām? السّاعة كام؟
¿Cuándo?	emta? إمتى؟
¿A qué hora?	fi ayī sāʻa? في أي ساعة؟
ahora | luego | después de ...	dellwaʼty | baʻdeyn | baʻd ... دلوقتي ا بعدين ا بعد ...
la una	el sāʻa waḥda السّاعة واحدة
la una y cuarto	el sāʻa waḥda we robʻ السّاعة واحدة وربع
la una y medio	el sāʻa waḥda we noṣṣ السّاعة واحدة ونص
las dos menos cuarto	el sāʻa etneyn ellā robʻ السّاعة إتنين إلا ربع
una | dos | tres	waḥda | etneyn | talāta واحدة التنين اتلاتة
cuatro | cinco | seis	arbaʻa | χamsa | setta أربعة خمسة استة
siete | ocho | nueve	sabbʻa | tamanya | tessʻa سبعة ا تمانية اتسعة
diez | once | doce	ʻaʃra | hedāʃar | etnāʃar عشرة ا حداشر ا اتناشر
en ...	fi ... في ...
cinco minutos	χamas daqāʼeq خمس دقائق
diez minutos	ʻaʃar daqāʼeq عشر دقائق
quince minutos	robʻ sāʻa ربع ساعة
veinte minutos	telt sāʻa تلت ساعة
media hora	noṣṣ sāʻa نص ساعة
una hora	sāʻa ساعة
por la mañana	el sobḥ الصبح

por la mañana temprano	el sobḥ badri
	الصبح بدري
esta mañana	el naharda el ṣobḥ
	النهاردة الصبح
mañana por la mañana	bokra el ṣobḥ
	بكرة الصبح

al mediodía	fi noṣṣ el yome
	في نص اليوم
por la tarde	ba'd el ẓohr
	بعد الظهر
por la noche	bel leyl
	بالليل
esta noche	el leyla di
	الليلة دي

por la noche	bel leyl
	بالليل
ayer	emmbāreḥ
	إمبارح
hoy	el naharda
	النهاردة
mañana	bokra
	بكرة
pasado mañana	ba'd bokra
	بعد بكرة

¿Qué día es hoy?	el naharda eyh fel ayām?
	النهاردة إيه في الأيام؟
Es …	el naharda …
	النهاردة ...
lunes	el etneyn
	الإتنين
martes	el talāt
	التلات
miércoles	el 'arba'
	الأربع

jueves	el χamīs
	الخميس
viernes	el gumu'ā
	الجمعة
sábado	el sabt
	السبت
domingo	el ḥadd
	الحد

Saludos. Presentaciones.

Hola.	ahlan أهلا
Encantado /Encantada/ de conocerle.	saˈīd be leqāˈak سعيد بلقائك
Yo también.	ana assˈad أنا أسعد
Le presento a ...	aˈarrafak be ... أعرفك بـ ...
Encantado.	forşa saˈīda فرصة سعيدة

¿Cómo está?	ezzayak? إزيك؟
Me llamo ...	esmy ... أسمي ...
Se llama ...	essmu ... إسمه ...
Se llama ...	essmaha ... إسمها ...
¿Cómo se llama (usted)?	essmak eyh? إسمك إيه؟
¿Cómo se llama (él)?	essmu eyh? إسمه إيه؟
¿Cómo se llama (ella)?	essmaha eyh? إسمها إيه؟

¿Cuál es su apellido?	essm ˈāˈeltak eyh? إسم عائلتك إيه؟
Puede llamarme ...	teˈddar tenadīny be... تقدر تناديني بـ...
¿De dónde es usted?	enta meneyn? إنت منين؟
Yo soy de	ana men ... أنا من ...
¿A qué se dedica?	beteʃtaɣal eh? بتشتغل إيه؟
¿Quién es?	meyn da مين دة
¿Quién es él?	meyn howwa? مين هو؟
¿Quién es ella?	meyn hiya? مين هي؟
¿Quiénes son?	meyn homm? مين هم؟

Este es ...	da yeb'ā ... دة يبقى ...
mi amigo	ṣadīqy صديقي
mi amiga	ṣadīqaty صديقتي
mi marido	gouzy جوزي
mi mujer	merāty مراتي

mi padre	waldy والدي
mi madre	waldety والدتي
mi hermano	aχūya أخويا
mi hijo	ebny إبني
mi hija	bennty بنتي

Este es nuestro hijo.	da ebnena دة إبننا
Esta es nuestra hija.	di benntena دي بنتننا
Estos son mis hijos.	dole awwlādy دول أولادي
Estos son nuestros hijos.	dole awwladna دول أولادنا

Despedidas

¡Adiós!	ella alliqā' إلى اللقاء
¡Chau!	salām سلام
Hasta mañana.	aʃūfak bokra أشوفك بكرة
Hasta pronto.	aʃūfak orayeb أشوفك قريب
Te veo a las siete.	aʃūfak el sā'a sab'a أشوفك الساعة سبعة
¡Que se diviertan!	esstammte'! إستمتع!
Hablamos más tarde.	netkallem ba'deyn نتكلم بعدين
Que tengas un buen fin de semana.	'oṭṭlet osbū' saʿīda عطلة أسبوع سعيدة
Buenas noches.	teṣṣbaḥ 'la ҳeyr تصبح على خير
Es hora de irme.	gā' waqt el zehāb جاء وقت الذهاب
Tengo que irme.	lāzem amʃy لازم أمشي
Ahora vuelvo.	ḥarga' 'la ṭūl ح أرجع على طول
Es tarde.	el waqt mett'aҳar الوقت متأخر
Tengo que levantarme temprano.	lāzem aṣṣ-ḥa badry لازم أصحى بدري
Me voy mañana.	ana māʃy bokra أنا ماشي بكرة
Nos vamos mañana.	ehhna maʃyīn bokra إحنا ماشيين بكرة
¡Que tenga un buen viaje!	reḥla saʿīda! رحلة سعيدة!
Ha sido un placer.	forṣa saʿīda فرصة سعيدة
Fue un placer hablar con usted.	sa'eddt bel kalām ma'ak سعدت بالكلام معك
Gracias por todo.	ʃokran 'la koll ʃey' شكرا على كل شيء

Lo he pasado muy bien.	ana qaddayt waqt saʿīd أنا قضيت وقت سعيد
Lo pasamos muy bien.	ehna ʾaddeyna waʾt saʿīd إحنا قضينا وقت سعيد
Fue genial.	kan bel feʿl rāʾeʿ كان بالفعل رائع
Le voy a echar de menos.	hatewwhaʃīny ح توحشني
Le vamos a echar de menos.	hatewwhaʃna ح توحشنا
¡Suerte!	hazz saʿīd! حظ سعيد!
Saludos a …	tahīāty le… تحياتي لـ...

Idioma extranjero

No entiendo.	ana meʃ fāhem أنا مش فاهم
Escríbalo, por favor.	ektebha laww samaḥt إكتبها لو سمحت
¿Habla usted ...?	enta betettkalem ...? انت بتتكلم ...؟

Hablo un poco de ...	ana battkallem ʃewaya ... أنا بأتكلم شوية ...
inglés	engilīzy انجليزي
turco	torky تركي
árabe	ʿaraby عربي
francés	faransāwy فرنساوي

alemán	almāny ألماني
italiano	itāly إيطالي
español	asbāny أسباني
portugués	bortoɣāly برتغالي
chino	ṣīny صيني
japonés	yabāny ياباني

¿Puede repetirlo, por favor?	momken teʿīd el kalām men faḍlak? ممكن تعيد الكلام من فضلك؟
Lo entiendo.	ana fāhem انا فاهم
No entiendo.	ana meʃ fāhem انا مش فاهم
Hable más despacio, por favor.	momken tetkallem abta' laww samaḥt? ممكن تتكلم ابطأ لو سمحت؟

¿Está bien?	keda ṣaḥḥ? كدة صح؟
¿Qué es esto? (¿Que significa esto?)	eh da? إيه دة؟

Disculpas

Perdone, por favor.
ba'd ezznak, laww samaḥt
بعد إذنك، لو سمحت

Lo siento.
ana 'āṣṣif
أنا آسف

Lo siento mucho.
ana 'āṣṣif beggad
أنا آسف بجد

Perdón, fue culpa mía.
ana 'āṣṣif, di ɣalṭeti
أنا آسف، دي غلطتي

Culpa mía.
ɣalṭety
غلطتي

¿Puedo ...?
momken ...?
ممكن ...؟

¿Le molesta si ...?
teḍḍāyi' laww ...?
تتضايق لو ...؟

¡No hay problema! (No pasa nada.)
mafiʃ moʃkela
ما فيش مشكلة

Todo está bien.
kollo tamām
كله تمام

No se preocupe.
mate'la'ʃ
ما تقلقش

Acuerdos

Sí.	aywā أيوة
Sí, claro.	aywa, akīd أيوة، أكيد
Bien.	tamām تمام
Muy bien.	kowayīs geddan كويس جدا
¡Claro que sí!	bekol ta'kīd! بكل تأكيد!
Estoy de acuerdo.	mewāfe' موافق

Es verdad.	da ṣaḥīḥ دة صحيح
Es correcto.	da ṣaḥḥ دة صح
Tiene razón.	kalāmak ṣaḥḥ كلامك صح
No me molesta.	ma'andīʃ māne' ما عنديش مانع
Es completamente cierto.	ṣaḥḥ tamāman صح تماما

Es posible.	momken ممكن
Es una buena idea.	di fekra kewayīsa دي فكرة كويسة
No puedo decir que no.	ma'darʃ a'ūl la' ما أقدرش أقول لأ
Estaré encantado /encantada/.	bekol sorūr حكون سعيد
Será un placer.	bekol sorūr بكل سرور

Rechazo. Expresar duda

No.

la'a
لا

Claro que no.

akīd la'
أكيد لأ

No estoy de acuerdo.

meʃ mewāfe'
مش موافق

No lo creo.

ma 'azzọnneʃ keda
ما أظنش كدة

No es verdad.

da meʃ ṣaḥīḥ
دة مش صحيح

No tiene razón.

enta ɣalṭān
إنت غلطان

Creo que no tiene razón.

azonn ennak ɣalṭān
أظن إنك غلطان

No estoy seguro /segura/.

meʃ akīd
مش أكيد

No es posible.

da mos-taḥīl
دة مستحيل

¡Nada de eso!

mafīʃ ḥāga keda!
ما فيش حاجة كدة!

Justo lo contrario.

el 'akss tamāman
العكس تماما

Estoy en contra de ello.

ana ḍedd da
أنا ضد دة

No me importa. (Me da igual.)

ma yehemmenīʃ
ما يهمنيش

No tengo ni idea.

ma'andīʃ fekra
ما عنديش فكرة

Dudo que sea así.

aʃokk fe ḍa
أشك في دة

Lo siento, no puedo.

'āssef ma 'qdarʃ
آسف، ما أقدرش

Lo siento, no quiero.

'āssef meʃ 'ayez
آسف، مش عايز

Gracias, pero no lo necesito.

ʃokran, bass ana meʃ meḥtāg loh
شكرا، بس أنا مش محتاج له

Ya es tarde.

el waqt mett'aҳar
الوقت متأخر

Tengo que levantarme temprano.

lāzem aṣṣ-ḥa badry

لازم أصحى بدري

Me encuentro mal.

ana ta'bān

أنا تعبان

Expresar gratitud

Gracias.	ʃokran شكراً
Muchas gracias.	ʃokran gazīlan شكراً جزيلاً
De verdad lo aprecio.	ana ha'i'i me'addar da أنا حقيقي مقدر دة
Se lo agradezco.	ana mommtann līk geddan أنا ممتن لك جداً
Se lo agradecemos.	ehna mommtannīn līk geddan إحنا ممتنين لك جداً

Gracias por su tiempo.	ʃokran 'la wa'tak شكراً على وقتك
Gracias por todo.	ʃokran 'la koll ʃey' شكراً على كل شيء
Gracias por …	ʃokran 'la … شكراً على ...
su ayuda	mosa'detak مساعدتك
tan agradable momento	el waqt الوقت اللطيف

una comida estupenda	wagba rā'e'a وجبة رائعة
una velada tan agradable	amsiya mummte'a أمسية ممتعة
un día maravilloso	yome rā'e' يوم رائع
un viaje increíble	rehla mod-heʃa رحلة مدهشة

No hay de qué.	lā ʃokr 'la wāgeb لا شكر على واجب
De nada.	el 'afw العفو
Siempre a su disposición.	ayī waqt أي وقت
Encantado /Encantada/ de ayudarle.	bekol sorūr بكل سرور
No hay de qué.	ennsa إنسى
No tiene importancia.	mate'la'ʃ ما تقلقش

Felicitaciones , Mejores Deseos

¡Felicidades!	ohannīk! أهنيك!
¡Feliz Cumpleaños!	'īd milād saʿīd! عيد ميلاد سعيد!
¡Feliz Navidad!	'īd milād saʿīd! عيد ميلاد سعيد!
¡Feliz Año Nuevo!	sana gedīda saʿīda! سنة جديدة سعيدة!
¡Felices Pascuas!	ʃamm nessīm saʿīd! شم نسيم سعيد!
¡Feliz Hanukkah!	hanūka saʿīda! هانوكا سعيدة!
Quiero brindar.	aḥebb aqtareḥ neʃrab naχab أحب أقترح نشرب نخب
¡Salud!	fi seḥḥettak في صحتك
¡Brindemos por ...!	yalla neʃrab fe ...! ياللا نشرب في ...!
¡A nuestro éxito!	nagāḥna نجاحنا
¡A su éxito!	nagāḥak نجاحك
¡Suerte!	ḥazz saʿīd! حظ سعيد!
¡Que tenga un buen día!	nahārak saʿīd! نهارك سعيد!
¡Que tenga unas buenas vacaciones!	agāza ṭayeba! أجازة طيبة!
¡Que tenga un buen viaje!	trūḥ bel salāma! تروح بالسلامة!
¡Espero que se recupere pronto!	atmanna ennak tataʿāfa besorʿa! أتمنى إنك تتعافى بسرعة!

Socializarse

¿Por qué está triste?	enta leyh za'lān? إنت ليه زعلان؟
¡Sonría! ¡Anímese!	ebbtassem! farrfeʃ! إبتسم! فرفش!
¿Está libre esta noche?	enta fādy el leyla di? إنت فاضي الليلة دي؟

¿Puedo ofrecerle algo de beber?	momken a'zemak 'la maʃrūb? ممكن أعزمك على مشروب؟
¿Querría bailar conmigo?	tehebb torr'oṣṣ? تحب ترقص؟
Vamos a ir al cine.	yalla nerūh el sinema ياللا نروح السينما

¿Puedo invitarle a …?	momken a'zemak 'la …? ممكن أعزمك على ...؟
un restaurante	matt'am مطعم
el cine	el sinema السينما
el teatro	el masrah المسرح
dar una vuelta	tamʃeya تمشية

¿A qué hora?	fi ayī sā'a? في أي ساعة؟
esta noche	el leyla di الليلة دي
a las seis	el sā'a setta الساعة ستة
a las siete	el sā'a sab'a الساعة سبعة
a las ocho	el sā'a tamanya الساعة تمانية
a las nueve	el sā'a tess'a الساعة تسعة

¿Le gusta este lugar?	ya tara 'agbak el makān? يا ترى عاجبك المكان؟
¿Está aquí con alguien?	enta hena ma' hadd? إنت هنا مع حد؟
Estoy con mi amigo /amiga/.	ana ma' ṣadīq أنا مع صديق

Estoy con amigos.	ana ma' aşdiqā' أنا مع أصدقاء
No, estoy solo /sola/.	lā, ana waḥḥdy لا، أنا وحدي

¿Tienes novio?	hal 'andak şadīq? هل عندك صديق؟
Tengo novio.	ana 'andy şadīq أنا عندي صديق
¿Tienes novia?	hal 'andak şadīqa? هل عندك صديقة؟
Tengo novia.	ana 'andy şadīqa أنا عندي صديقة

¿Te puedo volver a ver?	a'dar aʃūfak tāny? أقدر أشوفك تاني؟
¿Te puedo llamar?	a'dar atteşel bīk? أقدر أتصل بك؟
Llámame.	ettaşşel bī إتصل بي
¿Cuál es tu número?	eh raqamek? إيه رقمك؟
Te echo de menos.	waḥaʃtīny وحشتني

¡Qué nombre tan bonito!	essmek gamīl إسمك جميل
Te quiero.	oḥebbek أحبك
¿Te casarías conmigo?	tettgawwezīny? تتجوزيني؟
¡Está de broma!	enta bett-hazzar! إنت بتهزر!
Sólo estoy bromeando.	ana bahazzar bas أنا باهزر بس

¿En serio?	enta bettettkallem gad? إنت بتتكلم جد؟
Lo digo en serio.	ana gād أنا جاد
¿De verdad?	şaḥīḥ? صحيح؟
¡Es increíble!	meʃ ma'ūl! مش معقول!
No le creo.	ana meʃ meşşad'āk أنا مش مصدقاك
No puedo.	ma'darʃ ما أقدرش
No lo sé.	ma'raʃʃ ما أعرفش
No le entiendo.	meʃ fahmāk مش فاهماك

Váyase, por favor.	men fadlak temʃy
	من فضلك تمشي
¡Déjeme en paz!	sebbny lewaḥḥdy!
	سيبني لوحدي!

Es inaguantable.	ana lā aṭīqo
	أنا لا أطيقه
¡Es un asqueroso!	enta mo'reff
	إنت مقرف
¡Llamaré a la policía!	ḥattlob el ʃorta
	ح أطلب الشرطة

Compartir impresiones. Emociones

Me gusta.	ye'gebny يعجبني
Muy lindo.	laṭīf geddan لطيف جدا
¡Es genial!	da rā'e' دة رائع
No está mal.	da meʃ saye' دة مش سيء
No me gusta.	meʃ 'agebny مش عاجبني
No está bien.	meʃ kowayīs مش كويس
Está mal.	da saye' دة سيء
Está muy mal.	da saye' geddan دة سيء جدا
¡Qué asco!	da mo'rreff دة مقرف
Estoy feliz.	ana saʿīd أنا سعيد
Estoy contento /contenta/.	ana mabsūṭ أنا مبسوط
Estoy enamorado /enamorada/.	ana baḥebb أنا باحب
Estoy tranquilo.	ana hādy أنا هادي
Estoy aburrido.	ana zah'ān أنا زهقان
Estoy cansado /cansada/.	ana ta'bān أنا تعبان
Estoy triste.	ana ḥazīn أنا حزين
Estoy asustado.	ana xāyef أنا خايف
Estoy enfadado /enfadada/.	ana ɣaḍbān أنا غضبان
Estoy preocupado /preocupada/.	ana qalqān أنا قلقان
Estoy nervioso /nerviosa/.	ana mutawwatter أنا متوتر

Estoy celoso /celosa/.

ana γayrān

أنا غيران

Estoy sorprendido /sorprendida/.

ana mutafāge'

أنا متفاجئ

Estoy perplejo /perpleja/.

ana morrtabek

أنا مرتبك

Problemas, Accidentes

Tengo un problema.	ana ʿandy moʃkela أنا عندي مشكلة
Tenemos un problema.	eḥna ʿandena moʃkela إحنا عندنا مشكلة
Estoy perdido /perdida/.	ana tāʒeh أنا تايه
Perdi el último autobús (tren).	fātny ʾāaxer otobiis فاتني آخر أوتوبيس
No me queda más dinero.	meʃ fāḍel maʿaya flūss مش فاضل معايا فلوس

He perdido …	ḍāʿ menny … betāʿy ضاع مني ... بتاعي
Me han robado …	ḥadd saraʾ … betāʿy حد سرق ... بتاعي
mi pasaporte	bassbore باسبور
mi cartera	maḥfaza محفظة
mis papeles	awwarāʾ أوراق
mi billete	tazzkara تذكرة

mi dinero	folūss فلوس
mi bolso	ʃannṭa شنطة
mi cámara	kamera كاميرا
mi portátil	lab tob لاب توب
mi tableta	tablet تابلت
mi teléfono	telefon maḥmūl تليفون محمول

¡Ayúdeme!	sāʿdny! ساعدني!
¿Qué pasó?	eh elly ḥaṣal? إيه إللي حصل؟
el incendio	harīqa حريقة

un tiroteo	ḍarrb nār
	ضرب نار
el asesinato	qattl
	قتل
una explosión	ennfegār
	إنفجار
una pelea	χenā'a
	خناقة

¡Llame a la policía!	ettaṣel bel ʃorṭa!
	اتصل بالشرطة!
¡Más rápido, por favor!	besor'a men faḍlak!
	بسرعة من فضلك!
Busco la comisaría.	baddawwar 'la qessm el ʃorṭa
	بادور على قسم الشرطة
Tengo que hacer una llamada.	meḥtāg a'mel mokalma telefoneya
	محتاج أعمل مكالمة تليفونية
¿Puedo usar su teléfono?	momken asstaχdem telefonak?
	ممكن أستخدم تليفونك؟

Me han …	ana kont …
	أنا كنت ...
asaltado /asaltada/	ettnaʃalt
	اتنشلت
robado /robada/	ettsaraqt
	اتسرقت
violada	oχtiṣabt
	اغتصبت
atacado /atacada/	ta'arraḍt le e'tedā'
	تعرضت لإعتداء

¿Se encuentra bien?	enta beχeyr?
	إنت بخير؟
¿Ha visto quien a sido?	ya tara ʃoft meyn?
	يا ترى شفت مين؟
¿Sería capaz de reconocer a la persona?	te'ddar tett'arraf 'la el ʃaχṣ da?
	تقدر تتعرف على الشخص ده؟
¿Está usted seguro?	enta muta'kked?
	إنت متأكد؟

Por favor, cálmese.	argūk ehḍa
	أرجوك إهدا
¡Cálmese!	hawwen 'aleyk!
	هون عليك!
¡No se preocupe!	mate'la'ʃ!
	ما تقلقش!
Todo irá bien.	kol ʃey' ḥaykūn tamām
	كل شيء ح يكون تمام
Todo está bien.	kol ʃey' tamām
	كل شيء تمام
Venga aquí, por favor.	ta'āla hena laww samaḥt
	تعالى هنا لو سمحت

Tengo unas preguntas para usted.
'andy līk as'ela
عندي لك أسئلة

Espere un momento, por favor.
esstanna laḥza men faḍlak
إستنى لحظة من فضلك

¿Tiene un documento de identidad?
'andak raqam qawwmy
عندك رقم قومي

Gracias. Puede irse ahora.
ʃokran. momken temʃy dellwa'ty
شكرا. ممكن تمشي دلوقتي

¡Manos detrás de la cabeza!
eydeyk wara rāsak!
إيديك ورا راسك!

¡Está arrestado!
enta maqbūḍ 'aleyk!
إنت مقبوض عليك!

Problemas de salud

Ayudeme, por favor.	argūk sā'dny أرجوك ساعدني
No me encuentro bien.	ana ta'bān أنا تعبان
Mi marido no se encuentra bien.	gouzy ta'bān جوزي تعبان
Mi hijo ...	ebny ... إبني ...
Mi padre ...	waldy ... والدي ...

Mi mujer no se encuentra bien.	merāty ta'bāna مراتي تعابة
Mi hija ...	bennty ... بنتي ...
Mi madre ...	waldety ... والدتي ...

Me duele ...	ana 'andy ... أنا عندي ...
la cabeza	ṣodā' صداع
la garganta	eḥtiqān fel zore إحتقان في الزور
el estómago	maɣaṣṣ مغص
un diente	alam aṣnān ألم أسنان

Estoy mareado.	ʃā'er be dawār شاعر بدوار
Él tiene fiebre.	'andak ḥomma عنده حمي
Ella tiene fiebre.	'andaha ḥomma عندها حمي
No puedo respirar.	meʃ 'āder attnaffess مش قادر أتنفس

Me ahogo.	meʃ 'āder attnaffess مش قادر أتنفس
Tengo asma.	ana 'andy azzma أنا عندي أزمة
Tengo diabetes.	ana 'andy el sokkar أنا عندي السكر

No puedo dormir.	meʃ ʾāder anām
	مش قادر أنام
intoxicación alimentaria	tassammom ɣezāʾy
	تسمم غذائي

Me duele aquí.	betewwgaʿ hena
	بتوجع هنا
¡Ayúdeme!	sāʿedny!
	ساعدني!
¡Estoy aquí!	ana ḥena!
	أنا هنا!
¡Estamos aquí!	ehna hena!
	إحنا هنا!
¡Saquenme de aquí!	ɣarragūny men hena
	خرجوني من هنا
Necesito un médico.	ana meḥtāg ṭabīb
	أنا محتاج طبيب
No me puedo mover.	meʃ ʾāder at-ḥarrak
	مش قادر أتحرك
No puedo mover mis piernas.	meʃ ʾāder aḥarrak reglaya
	مش قادر أحرك رجلية

Tengo una herida.	ʿandy garrḥḥ
	عندي جرح
¿Es grave?	da beggad?
	دة بجد؟
Mis documentos están en mi bolsillo.	awwrāʾy fi geyby
	أوراقي في جيبي
¡Cálmese!	ehhdaʾ!
	إهدا!
¿Puedo usar su teléfono?	momken asstaɣdem telefonak?
	ممكن أستخدم تليفونك؟

¡Llame a una ambulancia!	oṭlob ʿarabeyet esʿāf!
	أطلب عربية إسعاف!
¡Es urgente!	di ḥāla messtaʿgela!
	دي حالة مستعجلة!
¡Es una emergencia!	di ḥāla ṭāreʾa!
	دي حالة طارئة!
¡Más rápido, por favor!	besorʿa men faḍlak!
	بسرعة من فضلك!
¿Puede llamar a un médico, por favor?	momken tekallem doktore men faḍlak?
	ممكن تكلم دكتور من فضلك؟
¿Dónde está el hospital?	feyn el mostaʃfa?
	فين المستشفى؟

¿Cómo se siente?	ḥāsses be eyh dellwaʾty
	حاسس بإيه دلوقتي؟
¿Se encuentra bien?	enta beɣeyr?
	إنت بخير؟
¿Qué pasó?	eh elly ḥaṣal?
	إيه إللي حصل؟

Me encuentro mejor.	ana ḥāsses eny aḥssan dellwa'ty
	أنا حاسس إني أحسن دلوقتي
Está bien.	tamām
	تمام
Todo está bien.	kollo tamām
	كله تمام

En la farmacia

la farmacia	ṣaydaliya صيدلية
la farmacia 24 horas	ṣaydaliya arbʿa we ʿeʃrīn sāʿa صيدلية 24 ساعة
¿Dónde está la farmacia más cercana?	feyn aqrab ṣaydaliya? فين أقرب صيدلية؟

¿Está abierta ahora?	hiya fat-ḥa dellwaʾty? هي فاتحة دلوقتي؟
¿A qué hora abre?	betefftaḥ emta? بتفتح إمتى؟
¿A qué hora cierra?	beteʾffel emta? بتقفل إمتى؟

¿Está lejos?	hiya beʿeyda? هي بعيدة؟
¿Puedo llegar a pie?	momken awṣal henāk māʃy? ممكن أوصل هناك ماشي؟
¿Puede mostrarme en el mapa?	momken tewarrīny ʿlal xarīṭa? ممكن توريني على الخريطة؟

Por favor, deme algo para …	men faḍlak eddīny ḥāga le… من فضلك إديني حاجة لـ...
un dolor de cabeza	el sodāʿ الصداع
la tos	el kohḥa الكحة
el resfriado	el bard البرد
la gripe	influenza الأنفلوانزا

la fiebre	el ḥumma الحمى
un dolor de estomago	el maɣaṣṣ المغص
nauseas	el ɣasayān الغثيان
la diarrea	el es-hāl الإسهال
el estreñimiento	el emsāk الإمساك
un dolor de espalda	alam fel ẓahr ألم في الظهر

un dolor de pecho	alam fel ṣadr ألم في الصدر
el flato	γorrza ganebiya غرزة جانبية
un dolor abdominal	alam fel baṭṭn ألم في البطن

la píldora	ḥabba حبة
la crema	marham, krīm مرهم، كريم
el jarabe	ʃarāb شراب
el spray	baχāχ بخاخ
las gotas	noqaṭṭ نقط

Tiene que ir al hospital.	enta meḥtāg terūḥ انت محتاج تروح المستشفى
el seguro de salud	ta'mīn ṣeḥḥy تأمين صحي
la receta	roʃetta روشتة
el repelente de insectos	ṭāred lel ḥaʃarāt طارد للحشرات
la curita	blastar بلاستر

Lo más imprescindible

Perdone, ...	ba'd ezznak, ... بعد إذنك، ...
Hola.	ahlan أهلا
Gracias.	ʃokran شكرا
Sí.	aywā أيوة
No.	la'a لأ
No lo sé.	ma'raʃʃ ما أعرفش
¿Dónde?	¿A dónde?	¿Cuándo?	feyn?	lefeyn?	emta? فين؟	لفين؟	إمتى؟
Necesito ...	meḥtāg ... محتاج ...
Quiero ...	'āyez ... عايز ...
¿Tiene ...?	ya tara 'andak ...? يا ترى عندك...؟
¿Hay ... por aquí?	feyh hena ...? فيه هنا ...؟
¿Puedo ...?	momken ...? ممكن ...؟
..., por favor? (petición educada)	... men faḍlak ... من فضلك
Busco ...	ana badawwar 'la ... أنا بادور على ...
el servicio	ḥammām حمام
un cajero automático	makīnet ṣarraf 'āaly ماكينة صراف آلي
una farmacia	ṣaydaliya صيدلية
el hospital	mostaʃfa مستشفى
la comisaría	'essm el ʃorṭa قسم شرطة
el metro	metro el anfā' مترو الأنفاق

un taxi	taksi تاكسي
la estación de tren	mahattet el ʼattr محطة القطر

Me llamo ...	essmy ... إسمي...
¿Cómo se llama?	essmak eyh? اسمك إيه؟
¿Puede ayudarme, por favor?	teʼddar tesāʻdny? تقدر تساعدني؟
Tengo un problema.	ana ʻandy moʃkela أنا عندي مشكلة
Me encuentro mal.	ana taʻbān أنا تعبان
¡Llame a una ambulancia!	otlob ʻarabeyet esʻāf! أطلب عربية إسعاف!
¿Puedo llamar, por favor?	momken aʻmel mokalma telefoniya? ممكن أعمل مكالمة تليفونية؟

Lo siento.	ana ʼāssif أنا آسف
De nada.	el ʻafw العفو

Yo	ana أنا
tú	enta أنت
él	howwa هو
ella	hiya هي
ellos	homm هم
ellas	homm هم
nosotros /nosotras/	ehna احنا
ustedes, vosotros	entom انتم
usted	haddretak حضرتك

ENTRADA	doχūl دخول
SALIDA	χorūg خروج
FUERA DE SERVICIO	ʻattlān عطلان
CERRADO	moχlaq مغلق

ABIERTO

maftūḥ

مفتوح

PARA SEÑORAS

lel sayedāt

للسيدات

PARA CABALLEROS

lel regāl

للرجال

BOOKS

DICCIONARIO CONCISO

Esta sección contiene más
de 1.500 palabras útiles.
El diccionario incluye muchos
términos gastronómicos
y será de gran ayuda para
pedir alimentos en un
restaurante o comprando
comestibles en la tienda

T&P Books Publishing

CONTENIDO
DEL DICCIONARIO

1. La hora. El calendario 76
2. Números. Los numerales 77
3. El ser humano. Los familiares 78
4. El cuerpo. La anatomía humana 79
5. La medicina. Las drogas 81
6. Los sentimientos. Las emociones 82
7. La ropa. Accesorios personales 83
8. La ciudad. Las instituciones urbanas 84
9. El dinero. Las finanzas 86
10. El transporte 87
11. La comida. Unidad 1 88
12. La comida. Unidad 2 89
13. La casa. El apartamento. Unidad 1 90
14. La casa. El apartamento. Unidad 2 92
15. Los trabajos. El estatus social 93
16. Los deportes 94

17. Los idiomas extranjeros. La ortografía		95
18. La Tierra. La geografía		97
19. Los países. Unidad 1		98
20. Los países. Unidad 2		99
21. El tiempo. Los desastres naturales		100
22. Los animales. Unidad 1		102
23. Los animales. Unidad 2		103
24. Los árboles. Las plantas		104
25. Varias palabras útiles		105
26. Los adjetivos. Unidad 1		107
27. Los adjetivos. Unidad 2		108
28. Los verbos. Unidad 1		109
29. Los verbos. Unidad 2		110
30. Los verbos. Unidad 3		112

T&P Books Publishing

tiempo (m)	waqt (m)	وقت
hora (f)	sā'a (f)	ساعة
media hora (f)	niṣf sā'a (m)	نصف ساعة
minuto (m)	daqīqa (f)	دقيقة
segundo (m)	θāniya (f)	ثانية
hoy (adv)	al yawm	اليوم
mañana (adv)	ɣadan	غدًا
ayer (adv)	ams	أمس
lunes (m)	yawm al iθnayn (m)	يوم الإثنين
martes (m)	yawm aθ θulāθā' (m)	يوم الثلاثاء
miércoles (m)	yawm al arbi'ā' (m)	يوم الأربعاء
jueves (m)	yawm al χamīs (m)	يوم الخميس
viernes (m)	yawm al ʒum'a (m)	يوم الجمعة
sábado (m)	yawm as sabt (m)	يوم السبت
domingo (m)	yawm al aḥad (m)	يوم الأحد
día (m)	yawm (m)	يوم
día (m) de trabajo	yawm 'amal (m)	يوم عمل
día (m) de fiesta	yawm al 'uṭla ar rasmiyya (m)	يوم العطلة الرسمية
fin (m) de semana	ayyām al 'uṭla (pl)	أيام العطلة
semana (f)	usbū' (m)	أسبوع
semana (f) pasada	fil isbū' al māḍi	في الأسبوع الماضي
semana (f) que viene	fil isbū' al qādim	في الأسبوع القادم
salida (f) del sol	ʃurūq aʃ ʃams (m)	شروق الشمس
puesta (f) del sol	ɣurūb aʃ ʃams (m)	غروب الشمس
por la mañana	fiṣ ṣabāḥ	في الصباح
por la tarde	ba'd aẓ ẓuhr	بعد الظهر
por la noche	fil masā'	في المساء
esta noche (p.ej. 8:00 p.m.)	al yawm fil masā'	اليوم في المساء
por la noche	bil layl	بالليل
medianoche (f)	muntaṣif al layl (m)	منتصف الليل
enero (m)	yanāyir (m)	يناير
febrero (m)	fibrāyir (m)	فبراير
marzo (m)	māris (m)	مارس
abril (m)	abrīl (m)	أبريل
mayo (m)	māyu (m)	مايو
junio (m)	yūnyu (m)	يونيو

julio (m)	yūlyu (m)	يوليو
agosto (m)	aɣusṭus (m)	أغسطس
septiembre (m)	sibtambar (m)	سبتمبر
octubre (m)	uktūbir (m)	أكتوبر
noviembre (m)	nuvimbar (m)	نوفمبر
diciembre (m)	disimbar (m)	ديسمبر

en primavera	fir rabī'	في الربيع
en verano	fiṣ ṣayf	في الصيف
en otoño	fil χarīf	في الخريف
en invierno	fiʃ ʃitā'	في الشتاء

mes (m)	ʃahr (m)	شهر
estación (f)	faṣl (m)	فصل
año (m)	sana (f)	سنة
siglo (m)	qarn (m)	قرن

2. Números. Los numerales

cifra (f)	raqm (m)	رقم
número (m) (~ cardinal)	'adad (m)	عدد
menos (m)	nāqiṣ (m)	ناقص
más (m)	zā'id (m)	زائد
suma (f)	maʒmū' (m)	مجموع

primero (adj)	awwal	أوّل
segundo (adj)	θāni	ثان
tercero (adj)	θāliθ	ثالث

cero	ṣifr	صفر
uno	wāḥid	واحد
dos	iθnān	إثنان
tres	θalāθa	ثلاثة
cuatro	arba'a	أربعة

cinco	χamsa	خمسة
seis	sitta	ستّة
siete	sab'a	سبعة
ocho	θamāniya	ثمانية
nueve	tis'a	تسعة
diez	'aʃara	عشرة

once	aḥad 'aʃar	أحد عشر
doce	iθnā 'aʃar	إثنا عشر
trece	θalāθat 'aʃar	ثلاثة عشر
catorce	arba'at 'aʃar	أربعة عشر
quince	χamsat 'aʃar	خمسة عشر

| dieciséis | sittat 'aʃar | ستّة عشر |
| diecisiete | sab'at 'aʃar | سبعة عشر |

| dieciocho | θamāniyat ʿaʃar | ثمانية عشر |
| diecinueve | tisʿat ʿaʃar | تسعة عشر |

veinte	ʿiʃrūn	عشرون
treinta	θalāθīn	ثلاثون
cuarenta	arbaʿūn	أربعون
cincuenta	χamsūn	خمسون

sesenta	sittūn	ستّون
setenta	sabʿūn	سبعون
ochenta	θamānūn	ثمانون
noventa	tisʿūn	تسعون
cien	mi'a	مائة
doscientos	mi'atān	مائتان
trescientos	θalāθumi'a	ثلاثمائة
cuatrocientos	rubʿumi'a	أربعمائة
quinientos	χamsumi'a	خمسمائة

seiscientos	sittumi'a	ستّمائة
setecientos	sabʿumi'a	سبعمائة
ochocientos	θamānimi'a	ثمانمائة
novecientos	tisʿumi'a	تسعمائة
mil	alf	ألف

diez mil	ʿaʃarat 'ālāf	عشرة آلاف
cien mil	mi'at alf	مائة ألف
millón (m)	milyūn (m)	مليون
mil millones	milyār (m)	مليار

3. El ser humano. Los familiares

hombre (m) (varón)	raʒul (m)	رجل
joven (m)	ʃābb (m)	شابّ
adolescente (m)	murāhiq (m)	مراهق
mujer (f)	imra'a (f)	إمرأة
muchacha (f)	fatāt (f)	فتاة

edad (f)	ʿumr (m)	عمر
adulto	bāliɣ (m)	بالغ
de edad media (adj)	fi muntaṣaf al ʿumr	في منتصف العمر
anciano, mayor (adj)	ʿaʒūz	عجوز
viejo (adj)	ʿaʒūz	عجوز

anciano (m)	ʿaʒūz (m)	عجوز
anciana (f)	ʿaʒūza (f)	عجوزة
jubilación (f)	maʿāʃ (m)	معاش
jubilarse	uḥīl ʿalal maʿāʃ	أحيل على المعاش
jubilado (m)	mutaqāʿid (m)	متقاعد
madre (f)	umm (f)	أُمّ
padre (m)	ab (m)	أب

hijo (m)	ibn (m)	إبن
hija (f)	ibna (f)	إبنة
hermano (m)	aχ (m)	أخ
hermano (m) mayor	al aχ al kabīr (m)	الأخ الكبير
hermano (m) menor	al aχ aṣ ṣaɣīr (m)	الأخ الصغير
hermana (f)	uχt (f)	أخت
hermana (f) mayor	al uχt al kabīra (f)	الأخت الكبيرة
hermana (f) menor	al uχt aṣ ṣaɣīra (f)	الأخت الصغيرة
padres (pl)	wālidān (du)	والدان
niño -a (m, f)	ṭifl (m)	طفل
niños (pl)	aṭfāl (pl)	أطفال
madrastra (f)	zawʒat al ab (f)	زوجة الأب
padrastro (m)	zawʒ al umm (m)	زوج الأم
abuela (f)	ʒidda (f)	جدّة
abuelo (m)	ʒadd (m)	جدّ
nieto (m)	ḥafīd (m)	حفيد
nieta (f)	ḥafīda (f)	حفيدة
nietos (pl)	aḥfād (pl)	أحفاد
tío (m)	ʿamm (m), χāl (m)	عمّ, خال
tía (f)	ʿamma (f), χāla (f)	عمّة, خالة
sobrino (m)	ibn al aχ (m), ibn al uχt (m)	إبن الأخ, إبن الأخت
sobrina (f)	ibnat al aχ (f), ibnat al uχt (f)	إبنة الأخ, إبنة الأخت
mujer (f)	zawʒa (f)	زوجة
marido (m)	zawʒ (m)	زوج
casado (adj)	mutazawwiʒ	متزوّج
casada (adj)	mutazawwiʒa	متزوّجة
viuda (f)	armala (f)	أرملة
viudo (m)	armal (m)	أرمل
nombre (m)	ism (m)	إسم
apellido (m)	ism al ʿāʾila (m)	إسم العائلة
pariente (m)	qarīb (m)	قريب
amigo (m)	ṣadīq (m)	صديق
amistad (f)	ṣadāqa (f)	صداقة
compañero (m)	rafīq (m)	رفيق
superior (m)	raʾīs (m)	رئيس
colega (m, f)	zamīl (m)	زميل
vecinos (pl)	ʒirān (pl)	جيران

4. El cuerpo. La anatomía humana

organismo (m)	ʒism (m)	جسم
cuerpo (m)	ʒism (m)	جسم
corazón (m)	qalb (m)	قلب
sangre (f)	dam (m)	دم

cerebro (m)	muxx (m)	مخّ
nervio (m)	ʿaṣab (m)	عصب
hueso (m)	ʿaẓm (m)	عظم
esqueleto (m)	haykal ʿaẓmiy (m)	هيكل عظميّ
columna (f) vertebral	ʿamūd faqriy (m)	عمود فقري
costilla (f)	ḍilʿ (m)	ضلع
cráneo (m)	ʒumʒuma (f)	جمجمة
músculo (m)	ʿaḍala (f)	عضلة
pulmones (m pl)	riʾatān (du)	رئتان
piel (f)	buʃra (m)	بشرة
cabeza (f)	raʾs (m)	رأس
cara (f)	waʒh (m)	وجه
nariz (f)	anf (m)	أنف
frente (f)	ʒabha (f)	جبهة
mejilla (f)	xadd (m)	خدّ
boca (f)	fam (m)	فم
lengua (f)	lisān (m)	لسان
diente (m)	sinn (f)	سنّ
labios (m pl)	ʃifāh (pl)	شفاه
mentón (m)	ðaqan (m)	ذقن
oreja (f)	uðun (f)	أذن
cuello (m)	raqaba (f)	رقبة
garganta (f)	ḥalq (m)	حلق
ojo (m)	ʿayn (f)	عين
pupila (f)	ḥadaqa (f)	حدقة
ceja (f)	ḥāʒib (m)	حاجب
pestaña (f)	rimʃ (m)	رمش
pelo, cabello (m)	ʃaʿr (m)	شعر
peinado (m)	tasrīḥa (f)	تسريحة
bigote (m)	ʃawārib (pl)	شوارب
barba (f)	liḥya (f)	لحية
tener (~ la barba)	ʿindahu	عنده
calvo (adj)	aṣlaʿ	أصلع
mano (f)	yad (m)	يد
brazo (m)	ðirāʿ (f)	ذراع
dedo (m)	iṣbaʿ (m)	إصبع
uña (f)	ẓufr (m)	ظفر
palma (f)	kaff (f)	كفّ
hombro (m)	katf (f)	كتف
pierna (f)	riʒl (f)	رجل
planta (f)	qadam (f)	قدم
rodilla (f)	rukba (f)	ركبة
talón (m)	ʿaqb (m)	عقب
espalda (f)	ẓahr (m)	ظهر

cintura (f), talle (m)	χaṣr (m)	خصر
lunar (m)	ʃāma (f)	شامة
marca (f) de nacimiento	waḥma	وحمة

5. La medicina. Las drogas

salud (f)	ṣiḥḥa (f)	صحّة
sano (adj)	salīm	سليم
enfermedad (f)	maraḍ (m)	مرض
estar enfermo	maraḍ	مرض
enfermo (adj)	marīḍ	مريض
resfriado (m)	bard (m)	برد
resfriarse (vr)	aṣābahu al bard	أصابه البرد
angina (f)	iltihāb al lawzatayn (m)	التهاب اللوزتين
pulmonía (f)	iltihāb ar ri'atayn (m)	إلتهاب الرئتين
gripe (f)	inflūnza (f)	إنفلونزا
resfriado (m) (coriza)	zukām (m)	زكام
tos (f)	su'āl (m)	سعال
toser (vi)	sa'al	سعل
estornudar (vi)	'aṭas	عطس
insulto (m)	sakta (f)	سكتة
ataque (m) cardiaco	iḥtiʃā' (m)	إحتشاء
alergia (f)	ḥassāsiyya (f)	حسّاسيّة
asma (f)	rabw (m)	ربو
diabetes (f)	ad dā' as sukkariy (m)	الداء السكّريّ
tumor (m)	waram (m)	ورم
cáncer (m)	saraṭān (m)	سرطان
alcoholismo (m)	idmān al χamr (m)	إدمان الخمر
SIDA (m)	al aydz (m)	الإيدز
fiebre (f)	ḥumma (f)	حمّى
mareo (m)	duwār al baḥr (m)	دوار البحر
moradura (f)	kadma (f)	كدمة
chichón (m)	tawarrum (m)	تورّم
cojear (vi)	'araʒ	عرج
dislocación (f)	χal' (m)	خلع
dislocar (vt)	χala'	خلع
fractura (f)	kasr (m)	كسر
quemadura (f)	ḥarq (m)	حرق
herida (f)	iṣāba (f)	إصابة
dolor (m)	alam (m)	ألم
dolor (m) de muelas	alam al asnān (m)	ألم الأسنان
sudar (vi)	'ariq	عرق
sordo (adj)	aṭraʃ	أطرش

mudo (adj)	axras	أخرس
inmunidad (f)	manã'a (f)	مناعة
virus (m)	virūs (m)	فيروس
microbio (m)	mikrūb (m)	ميكروب
bacteria (f)	ʒurθūma (f)	جرثومة
infección (f)	'adwa (f)	عدوى

hospital (m)	mustaʃfa (m)	مستشفى
cura (f)	'ilāʒ (m)	علاج
vacunar (vt)	laqqaḥ	لقّح
estar en coma	kān fi ḥālat ɣaybūba	كان في حالة غيبوبة
revitalización (f)	al 'ināya al murakkaza (f)	العناية المركّزة
síntoma (m)	'araḍ (m)	عرض
pulso (m)	nabḍ (m)	نبض

6. Los sentimientos. Las emociones

yo	ana	أنا
tú (masc.)	anta	أنت
tú (fem.)	anti	أنت
él	huwa	هو
ella	hiya	هي

nosotros, -as	naḥnu	نحن
vosotros, -as	antum	أنتم
ellos, ellas	hum	هم
¡Hola! (form.)	as salāmu 'alaykum!	السلام عليكم!
¡Buenos días!	ṣabāḥ al xayr!	صباح الخير!
¡Buenas tardes!	nahārak saʻīd!	نهارك سعيد!
¡Buenas noches!	masā' al xayr!	مساء الخير!

decir hola	sallam	سلّم
saludar (vt)	sallam 'ala	سلّم على
¿Cómo estás?	kayfa ḥāluka?	كيف حالك؟
¡Chau! ¡Adiós!	ma' as salāma!	مع السلامة!
¡Gracias!	ʃukran!	شكراً!

sentimientos (m pl)	maʃāʻir (pl)	مشاعر
tener hambre	arād an ya'kul	أراد أن يأكل
tener sed	arād an yaʃrab	أراد أن يشرب
cansado (adj)	taʻbān	تعبان

inquietarse (vr)	qalaq	قلق
estar nervioso	qalaq	قلق
esperanza (f)	amal (m)	أمل
esperar (tener esperanza)	tamanna	تمنّى

carácter (m)	ṭabʻ (m)	طبع
modesto (adj)	mutawāḍiʻ	متواضع
perezoso (adj)	kaslān	كسلان

generoso (adj)	karīm	كريم
talentoso (adj)	mawhūb	موهوب
honesto (adj)	amīn	أمين
serio (adj)	ӡādd	جادّ
tímido (adj)	χaӡūl	خجول
sincero (adj)	muχliṣ	مخلص
cobarde (m)	ӡabān (m)	جبان
dormir (vi)	nām	نام
sueño (m) (dulces ~s)	ḥulm (m)	حلم
cama (f)	sarīr (m)	سرير
almohada (f)	wisāda (f)	وسادة
insomnio (m)	araq (m)	أرق
irse a la cama	ðahab ila n nawm	ذهب إلى النوم
pesadilla (f)	kābūs (m)	كابوس
despertador (m)	munabbih (m)	منبّه
sonrisa (f)	ibtisāma (f)	إبتسامة
sonreír (vi)	ibtasam	إبتسم
reírse (vr)	ḍaḥik	ضحك
disputa (f), riña (f)	muʃāӡara (f)	مشاجرة
insulto (m)	ihāna (f)	إهانة
ofensa (f)	ḍaym (m)	ضيم
enfadado (adj)	zaʻlān	زعلان

7. La ropa. Accesorios personales

ropa (f)	malābis (pl)	ملابس
abrigo (m)	miʻṭaf (m)	معطف
abrigo (m) de piel	miʻṭaf farw (m)	معطف فرو
cazadora (f)	ӡākīt (m)	جاكيت
impermeable (m)	miʻṭaf lil maṭar (m)	معطف للمطر
camisa (f)	qamīṣ (m)	قميص
pantalones (m pl)	banṭalūn (m)	بنطلون
chaqueta (f), saco (m)	sutra (f)	سترة
traje (m)	badla (f)	بدلة
vestido (m)	fustān (m)	فستان
falda (f)	tannūra (f)	تنّورة
camiseta (f) (T-shirt)	ti ʃirt (m)	تي شيرت
bata (f) de baño	θawb ḥammām (m)	ثوب حمّام
pijama (m)	biӡāma (f)	بيجاما
ropa (f) de trabajo	θiyāb al ʻamal (m)	ثياب العمل
ropa (f) interior	malābis dāχiliyya (pl)	ملابس داخليّة
calcetines (m pl)	ӡawārib (pl)	جوارب
sostén (m)	ḥammālat ṣadr (f)	حمّالة صدر

83

pantimedias (f pl)	ʒawārib kulūn (pl)	جوارب كولون
medias (f pl)	ʒawārib nisā'iyya (pl)	جوارب نسائية
traje (m) de baño	libās sibāḥa (m)	لباس سباحة
gorro (m)	qubbaʿa (f)	قبّعة
calzado (m)	aḥðiya (pl)	أحذية
botas (f pl) altas	būt (m)	بوت
tacón (m)	kaʿb (m)	كعب
cordón (m)	ʃarīṭ (m)	شريط
betún (m)	warnīʃ al ḥiðā' (m)	ورنيش الحذاء
algodón (m)	quṭn (m)	قطن
lana (f)	ṣūf (m)	صوف
piel (f) (~ de zorro, etc.)	farw (m)	فرو
guantes (m pl)	quffāz (m)	قفّاز
manoplas (f pl)	quffāz muɣlaq (m)	قفّاز مغلق
bufanda (f)	ʃārb (m)	إيشارب
gafas (f pl)	nazẓāra (f)	نظّارة
paraguas (m)	ʃamsiyya (f)	شمسيّة
corbata (f)	karavatta (f)	كرافتة
moquero (m)	mandīl (m)	منديل
peine (m)	miʃṭ (m)	مشط
cepillo (m) de pelo	furʃat ʃaʿr (f)	فرشة شعر
hebilla (f)	bukla (f)	بكلة
cinturón (m)	ḥizām (m)	حزام
bolso (m)	ʃanṭat yad (f)	شنطة يد
cuello (m)	yāqa (f)	ياقة
bolsillo (m)	ʒayb (m)	جيب
manga (f)	kumm (m)	كمّ
bragueta (f)	lisān (m)	لسان
cremallera (f)	zimām munzaliq (m)	زمام منزلق
botón (m)	zirr (m)	زرّ
ensuciarse (vr)	tawassaχ	توسّخ
mancha (f)	buqʿa (f)	بقعة

8. La ciudad. Las instituciones urbanas

tienda (f)	maḥall (m)	محلّ
centro (m) comercial	markaz tiʒāriy (m)	مركز تجاريّ
supermercado (m)	subirmarkit (m)	سوبرماركت
zapatería (f)	maḥall aḥḏiya (m)	محلّ أحذية
librería (f)	maḥall kutub (m)	محلّ كتب
farmacia (f)	ṣaydaliyya (f)	صيدليّة
panadería (f)	maχbaz (m)	مخبز
pastelería (f)	dukkān ḥalawāniy (m)	دكّان حلوانيّ

tienda (f) de comestibles	baqqāla (f)	بقّالة
carnicería (f)	malḥama (f)	ملحمة
verdulería (f)	dukkān xuḍār (m)	دكّان خضار
mercado (m)	sūq (f)	سوق
peluquería (f)	ṣālūn ḥilāqa (m)	صالون حلاقة
oficina (f) de correos	maktab al barīd (m)	مكتب البريد
tintorería (f)	tanẓīf ẓāff (m)	تنظيف جافّ
circo (m)	sirk (m)	سيرك
zoológico (m)	ḥadīqat al ḥayawān (f)	حديقة حيوان
teatro (m)	masraḥ (m)	مسرح
cine (m)	sinima (f)	سينما
museo (m)	matḥaf (m)	متحف
biblioteca (f)	maktaba (f)	مكتبة
mezquita (f)	masʒid (m)	مسجد
sinagoga (f)	kanīs maʿbad yahūdiy (m)	كنيس معبد يهوديّ
catedral (f)	katidrā'iyya (f)	كاتدرائيّة
templo (m)	maʿbad (m)	معبد
iglesia (f)	kanīsa (f)	كنيسة
instituto (m)	kulliyya (m)	كلّيّة
universidad (f)	ʒāmiʿa (f)	جامعة
escuela (f)	madrasa (f)	مدرسة
hotel (m)	funduq (m)	فندق
banco (m)	bank (m)	بنك
embajada (f)	safāra (f)	سفارة
agencia (f) de viajes	ʃarikat siyāḥa (f)	شركة سياحة
metro (m)	mitru (m)	مترو
hospital (m)	mustaʃfa (m)	مستشفى
gasolinera (f)	maḥaṭṭat banzīn (f)	محطة بنزين
aparcamiento (m)	mawqif as sayyārāt (m)	موقف السيّارات
ENTRADA	duxūl	دخول
SALIDA	xurūʒ	خروج
EMPUJAR	idfaʿ	إدفع
TIRAR	isḥab	إسحب
ABIERTO	maftūḥ	مفتوح
CERRADO	muɣlaq	مغلق
monumento (m)	timθāl (m)	تمثال
fortaleza (f)	qalʿa (f), ḥiṣn (m)	قلعة, حصن
palacio (m)	qaṣr (m)	قصر
medieval (adj)	min al qurūn al wusṭa	من القرون الوسطى
antiguo (adj)	qadīm	قديم
nacional (adj)	waṭaniy	وطنيّ
conocido (adj)	maʃhūr	مشهور

9. El dinero. Las finanzas

dinero (m)	nuqūd (pl)	نقود
moneda (f)	qiṭʻa naqdiyya (f)	قطعة نقديّة
dólar (m)	dulār (m)	دولار
euro (m)	yuru (m)	يورو
cajero (m) automático	ṣarrāf ʼāliy (m)	صرّاف آليّ
oficina (f) de cambio	ṣarrāfa (f)	صرّافة
curso (m)	siʻr aṣ ṣarf (m)	سعر الصرف
dinero (m) en efectivo	nuqūd (pl)	نقود
¿Cuánto?	bikam?	بكم؟
pagar (vi, vt)	dafaʻ	دفع
pago (m)	dafʻ (m)	دفع
cambio (m) (devolver el ~)	al bāqi (m)	الباقي
precio (m)	siʻr (m)	سعر
descuento (m)	χaṣm (m)	خصم
barato (adj)	raχīṣ	رخيص
caro (adj)	ɣāli	غال
banco (m)	bank (m)	بنك
cuenta (f)	ḥisāb (m)	حساب
tarjeta (f) de crédito	biṭāqat iʼtimān (f)	بطاقة إئتمان
cheque (m)	ʃīk (m)	شيك
sacar un cheque	katab ʃīk	كتب شيكًا
talonario (m)	daftar ʃīkāt (m)	دفتر شيكات
deuda (f)	dayn (m)	دين
deudor (m)	mudīn (m)	مدين
prestar (vt)	sallaf	سلّف
tomar prestado	istalaf	إستلف
alquilar (vt)	istaʼʒar	إستأجر
a crédito (adv)	bid dayn	بالدين
cartera (f)	maḥfaẓat ʒīb (f)	محفظة جيب
caja (f) fuerte	χizāna (f)	خزانة
herencia (f)	wirāθa (f)	وراثة
fortuna (f)	θarwa (f)	ثروة
impuesto (m)	ḍarība (f)	ضريبة
multa (f)	ɣarāma (f)	غرامة
multar (vt)	faraḍ ɣarāma	فرض غرامة
al por mayor (adj)	al ʒumla	الجملة
al por menor (adj)	at taʒziʼa	التجزئة
asegurar (vt)	amman	أمّن
seguro (m)	taʼmīn (m)	تأمين
capital (m)	raʼs māl (m)	رأس مال
volumen (m) de negocio	dawrat raʼs al māl (f)	دورة رأس المال

acción (f)	sahm (m)	سهم
beneficio (m)	ribḥ (m)	ربح
beneficioso (adj)	murbiḥ	مربح

crisis (f)	azma (f)	أزمة
bancarrota (f)	iflās (m)	إفلاس
ir a la bancarrota	aflas	أفلس

contable (m)	muḥāsib (m)	محاسب
salario (m)	murattab (m)	مرتّب
premio (m)	ʿilāwa (f)	علاوة

10. El transporte

autobús (m)	bāṣ (m)	باص
tranvía (m)	trām (m)	ترام
trolebús (m)	truli bāṣ (m)	ترولي باص

ir en ...	rakib ...	ركب...
tomar (~ el autobús)	rakib	ركب
bajar (~ del tren)	nazil min	نزل من

parada (f)	mawqif (m)	موقف
parada (f) final	āxir maḥaṭṭa (f)	آخر محطّة
horario (m)	ʒadwal (m)	جدول
billete (m)	taðkira (f)	تذكرة
llegar tarde (vi)	ta'axxar	تأخّر

taxi (m)	taksi (m)	تاكسي
en taxi	bit taksi	بالتاكسي
parada (f) de taxi	mawqif taksi (m)	موقف تاكسي

tráfico (m)	ḥarakat al murūr (f)	حركة المرور
horas (f pl) de punta	sāʿat að ðurwa (f)	ساعة الذروة
aparcar (vi)	awqaf	أوقف

metro (m)	mitru (m)	مترو
estación (f)	maḥaṭṭa (f)	محطّة
tren (m)	qiṭār (m)	قطار
estación (f)	maḥaṭṭat qiṭār (f)	محطّة قطار
rieles (m pl)	quḍubān (pl)	قضبان
compartimiento (m)	ɣurfa (f)	غرفة
litera (f)	sarīr (m)	سرير

avión (m)	ṭā'ira (f)	طائرة
billete (m) de avión	taðkirat ṭā'ira (f)	تذكرة طائرة
compañía (f) aérea	ʃarikat ṭayarān (f)	شركة طيران
aeropuerto (m)	maṭār (m)	مطار
vuelo (m)	ṭayarān (m)	طيران
equipaje (m)	aʃ ʃunaṭ (pl)	الشنط

carrito (m) de equipaje	'arabat ʃunaṭ (f)	عربة شنط
barco, buque (m)	safīna (f)	سفينة
trasatlántico (m)	bāxira siyahiyya (f)	باخرة سياحيّة
yate (m)	yaxt (m)	يخت
bote (m) de remo	markab (m)	مركب
capitán (m)	qubṭān (m)	قبطان
camarote (m)	kabīna (f)	كابينة
puerto (m)	mīnā' (m)	ميناء
bicicleta (f)	darrāʒa (f)	درّاجة
scooter (m)	skutir (m)	سكوتر
motocicleta (f)	darrāʒa nāriyya (f)	درّاجة ناريّة
pedal (m)	dawwāsa (f)	دوّاسة
bomba (f)	ṭulumba (f)	طلمبة
rueda (f)	'aʒala (f)	عجلة
coche (m)	sayyāra (f)	سيّارة
ambulancia (f)	is'āf (m)	إسعاف
camión (m)	ʃāhina (f)	شاحنة
de ocasión (adj)	musta'mal	مستعمل
accidente (m)	ḥādiθ sayyāra (f)	حادث سيّارة
reparación (f)	iṣlāḥ (m)	إصلاح

11. La comida. Unidad 1

carne (f)	laḥm (m)	لحم
gallina (f)	daʒāʒ (m)	دجاج
pato (m)	baṭṭa (f)	بطّة
carne (f) de cerdo	laḥm al xinzīr (m)	لحم الخنزير
carne (f) de ternera	laḥm il 'iʒl (m)	لحم العجل
carne (f) de carnero	laḥm aḍ ḍa'n (m)	لحم الضأن
carne (f) de vaca	laḥm al baqar (m)	لحم البقر
salchichón (m)	suʒuq (m)	سجق
huevo (m)	bayḍa (f)	بيضة
pescado (m)	samak (m)	سمك
queso (m)	ʒubna (f)	جبنة
azúcar (m)	sukkar (m)	سكّر
sal (f)	milḥ (m)	ملح
arroz (m)	urz (m)	أرز
macarrones (m pl)	makarūna (f)	مكرونة
mantequilla (f)	zubda (f)	زبدة
aceite (m) vegetal	zayt (m)	زيت
pan (m)	xubz (m)	خبز
chocolate (m)	ʃukulāta (f)	شكولاتة
vino (m)	nabīð (f)	نبيذ
café (m)	qahwa (f)	قهوة

leche (f)	ḥalīb (m)	حليب
zumo (m), jugo (m)	ʿaṣīr (m)	عصير
cerveza (f)	bīra (f)	بيرة
té (m)	ʃāy (m)	شاي

tomate (m)	ṭamāṭim (f)	طماطم
pepino (m)	xiyār (m)	خيار
zanahoria (f)	ʒazar (m)	جزر
patata (f)	baṭāṭis (f)	بطاطس
cebolla (f)	baṣal (m)	بصل
ajo (m)	θūm (m)	ثوم

col (f)	kurumb (m)	كرنب
remolacha (f)	banʒar (m)	بنجر
berenjena (f)	bātinʒān (m)	باذنجان
eneldo (m)	ʃabat (m)	شبت
lechuga (f)	xass (m)	خسّ
maíz (m)	ðura (f)	ذرّة

fruto (m)	fākiha (f)	فاكهة
manzana (f)	tuffāḥa (f)	تفّاحة
pera (f)	kummaθra (f)	كمّثرى
limón (m)	laymūn (m)	ليمون
naranja (f)	burtuqāl (m)	برتقال
fresa (f)	farawla (f)	فراولة

ciruela (f)	barqūq (m)	برقوق
frambuesa (f)	tūt al ʿullayq al aḥmar (m)	توت العلّيق الأحمر
piña (f)	ananās (m)	أناناس
banana (f)	mawz (m)	موز
sandía (f)	baṭṭīx aḥmar (m)	بطّيخ أحمر
uva (f)	ʿinab (m)	عنب
melón (m)	baṭṭīx aṣfar (f)	بطّيخ أصفر

12. La comida. Unidad 2

cocina (f)	maṭbax (m)	مطبخ
receta (f)	waṣfa (f)	وصفة
comida (f)	akl (m)	أكل

desayunar (vi)	afṭar	أفطر
almorzar (vi)	taɣadda	تغدّى
cenar (vi)	taʿaʃʃa	تعشّى

sabor (m)	ṭaʿm (m)	طعم
sabroso (adj)	laðīð	لذيذ
frío (adj)	bārid	بارد
caliente (adj)	sāxin	ساخن
azucarado, dulce (adj)	musakkar	مسكّر
salado (adj)	māliḥ	مالح

bocadillo (m)	sandawitʃ (m)	ساندويتش
guarnición (f)	ṭabaq ӡānibiy (m)	طبق جانبيّ
relleno (m)	ḥaʃwa (f)	حشوة
salsa (f)	ṣalṣa (f)	صلصة
pedazo (m)	qiṭ'a (f)	قطعة

dieta (f)	ḥimya ɣaðā'iyya (f)	حمية غذائية
vitamina (f)	vitamīn (m)	فيتامين
caloría (f)	su'ra ḥarāriyya (f)	سعرة حراريّة
vegetariano (m)	nabātiy (m)	نباتيّ

restaurante (m)	maṭ'am (m)	مطعم
cafetería (f)	kafé (m), maqha (m)	كافيه, مقهى
apetito (m)	ʃahiyya (f)	شهيّة
¡Que aproveche!	hanī'an marī'an!	هنيئًا مريئًا!

camarero (m)	nādil (m)	نادل
camarera (f)	nādila (f)	نادلة
barman (m)	bārman (m)	بارمان
carta (f), menú (m)	qā'imat aṭ ṭa'ām (f)	قائمة طعام

cuchara (f)	mil'aqa (f)	ملعقة
cuchillo (m)	sikkīn (m)	سكّين
tenedor (m)	ʃawka (f)	شوكة
taza (f)	finӡān (m)	فنجان

plato (m)	ṭabaq (m)	طبق
platillo (m)	ṭabaq finӡān (m)	طبق فنجان
servilleta (f)	mandīl (m)	منديل
mondadientes (m)	xallat asnān (f)	خلة أسنان

pedir (vt)	ṭalab	طلب
plato (m)	waӡba (f)	وجبة
porción (f)	waӡba (f)	وجبة
entremés (m)	muqabbilāt (pl)	مقبّلات
ensalada (f)	sulṭa (f)	سلطة
sopa (f)	ʃūrba (f)	شوربة

postre (m)	ḥalawiyyāt (pl)	حلويّات
confitura (f)	murabba (m)	مربّى
helado (m)	muθallaӡāt (pl)	مثلّجات
cuenta (f)	ḥisāb (m)	حساب
pagar la cuenta	dafa' al ḥisāb	دفع الحساب
propina (f)	baqʃīʃ (m)	بقشيش

13. La casa. El apartamento. Unidad 1

casa (f)	bayt (m)	بيت
casa (f) de campo	bayt rīfiy (m)	بيت ريفيّ
villa (f)	villa (f)	فيلا

piso (m), planta (f)	ṭābiq (m)	طابق
entrada (f)	madχal (m)	مدخل
pared (f)	ḥā'iṭ (m)	حائط
techo (m)	saqf (m)	سقف
chimenea (f)	madχana (f)	مدخنة
desván (m)	'ullayya (f)	علّية
ventana (f)	ʃubbāk (m)	شبّاك
alféizar (m)	raff ʃubbāk (f)	رف شبّاك
balcón (m)	ʃurfa (f)	شرفة

escalera (f)	sullam (m)	سلّم
buzón (m)	ṣundūq al barīd (m)	صندوق البريد
contenedor (m) de basura	ṣundūq az zubāla (m)	صندوق الزبالة
ascensor (m)	miṣ'ad (m)	مصعد

electricidad (f)	kahrabā' (m)	كهرباء
bombilla (f)	lamba (f)	لمبة
interruptor (m)	miftāḥ (m)	مفتاح
enchufe (m)	barizat al kahrabā' (f)	بريزة الكهرباء
fusible (m)	fāṣima (f)	فاصمة

puerta (f)	bāb (m)	باب
tirador (m)	qabḍat al bāb (f)	قبضة الباب
llave (f)	miftāḥ (m)	مفتاح
felpudo (m)	siʒāda (f)	سجادة

cerradura (f)	qifl al bāb (m)	قفل الباب
timbre (m)	ʒaras (m)	جرس
toque (m) a la puerta	ṭarq, daqq (m)	طرق، دقّ
tocar la puerta	daqq	دقّ
mirilla (f)	al 'ayn as siḥriyya (m)	العين السحريّة

patio (m)	finā' (m)	فناء
jardín (m)	ḥadīqa (f)	حديقة
piscina (f)	masbaḥ (m)	مسبح
gimnasio (m)	qā'at at tamrīnāt (f)	قاعة التمرينات
cancha (f) de tenis	mal'ab tinis (m)	ملعب تنس
garaje (m)	qarāʒ (m)	جراج

propiedad (f) privada	milkiyya χāṣṣa (f)	ملكيّة خاصّة
letrero (m) de aviso	lāfitat taḥḏīr (f)	لافتة تحذير
seguridad (f)	ḥirāsa (f)	حراسة
guardia (m) de seguridad	ḥāris amn (m)	حارس أمن

renovación (f)	taʒdīdāt (m)	تجديدات
renovar (vt)	ʒaddad	جدّد
poner en orden	naẓẓam	نظّم
pintar (las paredes)	dahan	دهن
empapelado (m)	waraq ḥī'ṭān (m)	ورق حيطان

| cubrir con barniz | ṭala bil warnīʃ | طلى بالورنيش |
| tubo (m) | māsūra (f) | ماسورة |

instrumentos (m pl)	adawāt (pl)	أدوات
sótano (m)	sirdāb (m)	سرداب
alcantarillado (m)	ʃabakit il maʒāry (f)	شبكة مياه المجاري

14. La casa. El apartamento. Unidad 2

apartamento (m)	ʃaqqa (f)	شقّة
habitación (f)	ɣurfa (f)	غرفة
dormitorio (m)	ɣurfat an nawm (f)	غرفة النوم
comedor (m)	ɣurfat il akl (f)	غرفة الأكل

salón (m)	ṣālat al istiqbāl (f)	صالة الإستقبال
despacho (m)	maktab (m)	مكتب
antecámara (f)	madχal (m)	مدخل
cuarto (m) de baño	ḥammām (m)	حمّام
servicio (m)	ḥammām (m)	حمّام

| suelo (m) | arḍ (f) | أرض |
| techo (m) | saqf (m) | سقف |

limpiar el polvo	masaḥ al ɣubār	مسح الغبار
aspirador (m), aspiradora (f)	miknasa kahrabā'iyya (f)	مكنسة كهربائيّة
limpiar con la aspiradora	nazzaf bi miknasa kahrabā'iyya	نظّف بمكنسة كهربائيّة

fregona (f)	mimsaḥa ṭawīla (f)	ممسحة طويلة
trapo (m)	mimsaḥa (f)	ممسحة
escoba (f)	miqaʃʃa (f)	مقشّة
cogedor (m)	ʒārūf (m)	جاروف
muebles (m pl)	aθāθ (m)	أثاث
mesa (f)	maktab (m)	مكتب
silla (f)	kursiy (m)	كرسيّ
sillón (m)	kursiy (m)	كرسي

librería (f)	χizānat kutub (f)	خزانة كتب
estante (m)	raff (m)	رفّ
armario (m)	dūlāb (m)	دولاب

espejo (m)	mir'āt (f)	مرآة
tapiz (m)	siʒāda (f)	سجادة
chimenea (f)	midfa'a ḥā'iṭiyya (f)	مدفأة حائطيّة
cortinas (f pl)	satā'ir (pl)	ستائر
lámpara (f) de mesa	miṣbāḥ aṭ ṭāwila (m)	مصباح الطاولة
lámpara (f) de araña	naʒafa (f)	نجفة

cocina (f)	maṭbaχ (m)	مطبخ
cocina (f) de gas	butuɣāz (m)	بوتوغاز
cocina (f) eléctrica	furn kaharabā'iy (m)	فرن كهربائيّ
horno (m) microondas	furn al mikruwayv (m)	فرن الميكروويف
frigorífico (m)	θallāʒa (f)	ثلاجة

congelador (m)	frīzir (m)	فريزير
lavavajillas (m)	γassāla (f)	غسّالة
grifo (m)	ḥanafiyya (f)	حنفيّة
picadora (f) de carne	farrāmat laḥm (f)	فرّامة لحم
exprimidor (m)	'aṣṣāra (f)	عصّارة
tostador (m)	maḥmaṣat χubz (f)	محمصة خبز
batidora (f)	χallāṭ (m)	خلّاط
cafetera (f) (aparato de cocina)	mākinat ṣan' al qahwa (f)	ماكينة صنع القهوة
hervidor (m) de agua	barrād (m)	برّاد
tetera (f)	barrād aʃ ʃāy (m)	برّاد الشاي
televisor (m)	tilivizyūn (m)	تليفزيون
vídeo (m)	ʒihāz tasʒīl vidiyu (m)	جهاز تسجيل فيديو
plancha (f)	makwāt (f)	مكواة
teléfono (m)	hātif (m)	هاتف

15. Los trabajos. El estatus social

director (m)	mudīr (m)	مدير
superior (m)	ra'īs (m)	رئيس
presidente (m)	ra'īs (m)	رئيس
asistente (m)	musā'id (m)	مساعد
secretario, -a (m, f)	sikirtīr (m)	سكرتير
propietario (m)	ṣāḥib (m)	صاحب
socio (m)	ʃarīk (m)	شريك
accionista (m)	musāhim (m)	مساهم
hombre (m) de negocios	raʒul a'māl (m)	رجل أعمال
millonario (m)	milyunīr (m)	مليونير
multimillonario (m)	milyardīr (m)	ملياردير
actor (m)	mumaθθil (m)	ممثّل
arquitecto (m)	muhandis mi'māriy (m)	مهندس معماريّ
banquero (m)	ṣāḥib maṣraf (m)	صاحب مصرف
broker (m)	simsār (m)	سمسار
veterinario (m)	ṭabīb bayṭariy (m)	طبيب بيطريّ
médico (m)	ṭabīb (m)	طبيب
camarera (f)	'āmilat tanẓīf γuraf (f)	عاملة تنظيف غرف
diseñador (m)	muṣammim (m)	مصمّم
corresponsal (m)	murāsil (m)	مراسل
repartidor (m)	sā'i (m)	ساع
electricista (m)	kahrabā'iy (m)	كهربائيّ
músico (m)	'āzif (m)	عازف
niñera (f)	murabbiyat aṭfāl (f)	مربّية الأطفال
peluquero (m)	ḥallāq (m)	حلّاق

pastor (m)	rā'i (m)	راعٍ
cantante (m)	muɣanni (m)	مغنٍ
traductor (m)	mutarʒim (m)	مترجم
escritor (m)	kātib (m)	كاتب
carpintero (m)	naʒʒār (m)	نجّار
cocinero (m)	ṭabbāχ (m)	طبّاخ
bombero (m)	raʒul iṭfā' (m)	رجل إطفاء
policía (m)	ʃurṭiy (m)	شرطيّ
cartero (m)	sā'i al barīd (m)	سامي البريد
programador (m)	mubarmiʒ (m)	مبرمج
vendedor (m)	bā'i' (m)	بائع
obrero (m)	'āmil (m)	عامل
jardinero (m)	bustāniy (m)	بستانيّ
fontanero (m)	sabbāk (m)	سبّاك
dentista (m)	ṭabīb al asnān (m)	طبيب الأسنان
azafata (f)	muḍīfat ṭayarān (f)	مضيفة طيران
bailarín (m)	rāqiṣ (m)	راقص
guardaespaldas (m)	ḥāris ʃaχṣiy (m)	حارس شخصيّ
científico (m)	'ālim (m)	عالِم
profesor (m) (~ de baile, etc.)	mudarris madrasa (m)	مدرّس مدرسة
granjero (m)	muzāri' (m)	مزارع
cirujano (m)	ʒarrāḥ (m)	جرّاح
minero (m)	'āmil manʒam (m)	عامل منجم
jefe (m) de cocina	ʃāf (m)	شاف
chofer (m)	sā'iq (m)	سائق

16. Los deportes

tipo (m) de deporte	naw' min ar riyāḍa (m)	نوع من الرياضة
fútbol (m)	kurat al qadam (f)	كرة القدم
hockey (m)	huki (m)	هوكي
baloncesto (m)	kurat as salla (f)	كرة السلّة
béisbol (m)	kurat al qā'ida (f)	كرة القاعدة
voleibol (m)	al kura aṭ ṭā'ira (m)	الكرة الطائرة
boxeo (m)	mulākama (f)	ملاكمة
lucha (f)	muṣāra'a (f)	مصارعة
tenis (m)	tinis (m)	تنس
natación (f)	sibāḥa (f)	سباحة
ajedrez (m)	ʃaṭranʒ (m)	شطرنج
carrera (f)	ʒary (m)	جري
atletismo (m)	al'āb al qiwa (pl)	ألعاب القوى
patinaje (m) artístico	tazalluʒ fanniy 'alal ʒalīd (m)	تزلّج فنّيّ على الجليد

ciclismo (m)	sibāq ad darrāʒāt (m)	سباق الدرّاجات
billar (m)	bilyārdu (m)	بلياردو
culturismo (m)	kamāl aʒsām (m)	كمال أجسام
golf (m)	gūlf (m)	جولف
buceo (m)	al ɣawṣ taḥt al māʾ (m)	الغوص تحت الماء
vela (f)	riyāḍa ibḥār al marākib (f)	رياضة إبحار المراكب
tiro (m) con arco	rimāya (f)	رماية

tiempo (m)	ʃawṭ (m)	شوط
descanso (m)	istirāḥa ma bayn aʃ ʃawṭayn (f)	إستراحة ما بين الشوطين
empate (m)	taʿādul (m)	تعادل
empatar (vi)	taʿādal	تعادل

cinta (f) de correr	ʒihāz al maʃy (m)	جهاز المشي
jugador (m)	lāʿib (m)	لاعب
reserva (m)	lāʿib iḥtiyāṭiy (m)	لاعب إحتياطيّ
banquillo (m) de reserva	dikkat al iḥtiāṭy (f)	دكّة الإحتياطيّ

match (m)	mubārāt (f)	مباراة
puerta (f)	marma (m)	مرمى
portero (m)	ḥāris al marma (m)	حارس المرمى
gol (m)	hadaf (m)	هدف

Juegos (m pl) Olímpicos	alʿāb ulumbiyya (pl)	ألعاب أولمبيّة
establecer un record	fāz bi raqm qiyāsiy	فاز برقم قياسيّ
final (m)	mubarāt nihāʾiyya (f)	مباراة نهائيّة
campeón (m)	baṭal (m)	بطل
campeonato (m)	buṭūla (f)	بطولة

vencedor (m)	fāʾiz (m)	فائز
victoria (f)	fawz (m)	فوز
ganar (vi)	fāz	فاز
perder (vi)	χasir	خسر
medalla (f)	midāliyya (f)	ميداليّة

primer puesto (m)	al martaba al ūla (f)	المرتبة الأولى
segundo puesto (m)	al martaba aθ θāniya (f)	المرتبة الثانية
tercer puesto (m)	al martaba aθ θāliθa (f)	المرتبة الثالثة

estadio (m)	malʿab (m)	ملعب
hincha (m)	muʃaʒʒiʿ (m)	مشجّع
entrenador (m)	mudarrib (m)	مدرّب
entrenamiento (m)	tadrīb (m)	تدريب

17. Los idiomas extranjeros. La ortografía

lengua (f)	luɣa (f)	لغة
estudiar (vt)	daras	درس
pronunciación (f)	nuṭq (m)	نطق

acento (m)	lukna (f)	لكنة
sustantivo (m)	ism (m)	إسم
adjetivo (m)	ṣifa (f)	صفة
verbo (m)	fiʻl (m)	فعل
adverbio (m)	ẓarf (m)	ظرف
pronombre (m)	ḍamīr (m)	ضمير
interjección (f)	ḥarf nidāʼ (m)	حرف نداء
preposición (f)	ḥarf al ʒarr (m)	حرف الجرّ
raíz (f), radical (m)	ʒiðr al kalima (m)	جذر الكلمة
desinencia (f)	nihāya (f)	نهاية
prefijo (m)	sābiqa (f)	سابقة
sílaba (f)	maqṭaʻ lafẓiy (m)	مقطع لفظيّ
sufijo (m)	lāḥiqa (f)	لاحقة
acento (m)	nabra (f)	نبرة
punto (m)	nuqṭa (f)	نقطة
coma (m)	fāṣila (f)	فاصلة
dos puntos (m pl)	nuqṭatān raʼsiyyatān (du)	نقطتان رأسيتان
puntos (m pl) suspensivos	θalāθ nuqaṭ (pl)	ثلاث نقط
pregunta (f)	suʼāl (m)	سؤال
signo (m) de interrogación	ʻalāmat istifhām (f)	علامة إستفهام
signo (m) de admiración	ʼalāmat taʻaʒʒub (f)	علامة تعجّب
entre comillas	bayn ʼalāmatay al iqtibās	بين علامتي الإقتباس
entre paréntesis	bayn al qawsayn	بين القوسين
letra (f)	ḥarf (m)	حرف
letra (f) mayúscula	ḥarf kabīr (m)	حرف كبير
oración (f)	ʒumla (f)	جملة
combinación (f) de palabras	maʒmūʻa min al kalimāt (pl)	مجموعة من الكلمات
expresión (f)	ʻibāra (f)	عبارة
sujeto (m)	fāʻil (m)	فاعل
predicado (m)	musnad (m)	مسند
línea (f)	saṭr (m)	سطر
párrafo (m)	fiqra (f)	فقرة
sinónimo (m)	murādif (m)	مرادف
antónimo (m)	mutaḍādd luɣawiy (m)	متضادّ
excepción (f)	istiθnāʼ (m)	إستثناء
subrayar (vt)	waḍaʻ xaṭṭ taḥt	وضع خطًا تحت
reglas (f pl)	qawāʻid (pl)	قواعد
gramática (f)	an naḥw waṣ ṣarf (m)	النحو والصرف
vocabulario (m)	mufradāt al luɣa (pl)	مفردات اللغة
fonética (f)	ṣawtīyyāt (pl)	صوتيّات
alfabeto (m)	alifbāʼ (m)	الفباء
manual (m)	kitāb taʻlīm (m)	كتاب تعليم

diccionario (m)	qāmūs (m)	قاموس
guía (f) de conversación	kitāb lil 'ibārāt aʃʃā'i'a (m)	كتاب للعبارت الشائعة
palabra (f)	kalima (f)	كلمة
significado (m)	ma'na (m)	معنى
memoria (f)	ðākira (f)	ذاكرة

18. La Tierra. La geografía

Tierra (f)	al arḍ (f)	الأرض
globo (m) terrestre	al kura al arḍiyya (f)	الكرة الأرضيّة
planeta (m)	kawkab (m)	كوكب
geografía (f)	ʒuɣrāfiya (f)	جغرافيا
naturaleza (f)	ṭabī'a (f)	طبيعة
mapa (m)	χarīṭa (f)	خريطة
atlas (m)	aṭlas (m)	أطلس
en el norte	fiʃ ʃimāl	في الشمال
en el sur	fil ʒanūb	في الجنوب
en el oeste	fil ɣarb	في الغرب
en el este	fiʃ ʃarq	في الشرق
mar (m)	baḥr (m)	بحر
océano (m)	muḥīṭ (m)	محيط
golfo (m)	χalīʒ (m)	خليج
estrecho (m)	maḍīq (m)	مضيق
continente (m)	qārra (f)	قارّة
isla (f)	ʒazīra (f)	جزيرة
península (f)	ʃibh ʒazīra (f)	شبه جزيرة
archipiélago (m)	maʒmū'at ʒuzur (f)	مجموعة جزر
ensenada, bahía (f)	mīnā' (m)	ميناء
arrecife (m) de coral	ʃi'āb marʒāniyya (pl)	شعاب مرجانيّة
orilla (f)	sāḥil (m)	ساحل
costa (f)	sāḥil (m)	ساحل
flujo (m)	madd (m)	مدّ
reflujo (m)	ʒazr (m)	جزر
latitud (f)	'arḍ (m)	عرض
longitud (f)	ṭūl (m)	طول
paralelo (m)	mutawāzi (m)	متواز
ecuador (m)	χaṭṭ al istiwā' (m)	خط الإستواء
cielo (m)	samā' (f)	سماء
horizonte (m)	ufuq (m)	أفق
atmósfera (f)	al ɣilāf al ʒawwiy (m)	الغلاف الجوّيّ
montaña (f)	ʒabal (m)	جبل

cima (f)	qimma (f)	قِمَّة
roca (f)	ʒurf (m)	جرف
colina (f)	tall (m)	تلّ

volcán (m)	burkān (m)	بركان
glaciar (m)	nahr ʒalīdiy (m)	نهر جليديّ
cascada (f)	ʃallāl (m)	شلّال
llanura (f)	sahl (m)	سهل

río (m)	nahr (m)	نهر
manantial (m)	ʿayn (m)	عين
ribera (f)	diffa (f)	ضفّة
río abajo (adv)	f ittiʒāh maʒra an nahr	في إتجاه مجرى النهر
río arriba (adv)	didd at tayyār	ضدّ التيّار

lago (m)	buḥayra (f)	بحيرة
presa (f)	sadd (m)	سدّ
canal (m)	qanāt (f)	قناة
pantano (m)	mustanqaʿ (m)	مستنقع
hielo (m)	ʒalīd (m)	جليد

19. Los países. Unidad 1

Europa (f)	urūbba (f)	أوروبّا
Unión (f) Europea	al ittiḥād al urubbiy (m)	الإتّحاد الأوروبّيّ
europeo (m)	urūbbiy (m)	أوروبّيّ
europeo (adj)	urūbbiy	أوروبّيّ

Austria (f)	an nimsa (f)	النمسا
Gran Bretaña (f)	briṭāniya al ʿuẓma (f)	بريطانيا العظمى
Inglaterra (f)	inʒiltirra (f)	إنجلترّا
Bélgica (f)	balʒīka (f)	بلجيكا
Alemania (f)	almāniya (f)	ألمانيا

Países Bajos (m pl)	hulanda (f)	هولندا
Holanda (f)	hulanda (f)	هولندا
Grecia (f)	al yūnān (f)	اليونان
Dinamarca (f)	ad danimārk (f)	الدانمارك
Irlanda (f)	irlanda (f)	أيرلندا

Islandia (f)	ʾāyslanda (f)	آيسلندا
España (f)	isbāniya (f)	إسبانيا
Italia (f)	iṭāliya (f)	إيطاليا
Chipre (m)	qubruṣ (f)	قبرص
Malta (f)	malṭa (f)	مالطا

Noruega (f)	an nirwīʒ (f)	النرويج
Portugal (m)	al burtuɣāl (f)	البرتغال
Finlandia (f)	finlanda (f)	فنلندا
Francia (f)	faransa (f)	فرنسا

Suecia (f)	as suwayd (f)	السويد
Suiza (f)	swīsra (f)	سويسرا
Escocia (f)	iskutlanda (f)	اسكتلندا
Vaticano (m)	al vatikān (m)	الفاتيكان
Liechtenstein (m)	liſtinſtāyn (m)	ليشتنشتاين
Luxemburgo (m)	luksimburɣ (f)	لوكسمبورغ

Mónaco (m)	munāku (f)	موناكو
Albania (f)	albāniya (f)	ألبانيا
Bulgaria (f)	bulɣāriya (f)	بلغاريا
Hungría (f)	al maȝar (f)	المجر
Letonia (f)	lātviya (f)	لاتفيا

Lituania (f)	litwāniya (f)	ليتوانيا
Polonia (f)	bulanda (f)	بولندا
Rumania (f)	rumāniya (f)	رومانيا
Serbia (f)	ṣirbiya (f)	صربيا
Eslovaquia (f)	sluvākiya (f)	سلوفاكيا

Croacia (f)	kruātiya (f)	كرواتيا
Chequia (f)	atʃ tʃīk (f)	التشيك
Estonia (f)	istūniya (f)	إستونيا
Bosnia y Herzegovina	al busna wal hirsuk (f)	البوسنة والهرسك
Macedonia	maqdūniya (f)	مقدونيا

Eslovenia	sluvīniya (f)	سلوفينيا
Montenegro (m)	al ȝabal al aswad (m)	الجبل الأسود
Bielorrusia (f)	bilarūs (f)	بيلاروس
Moldavia (f)	muldāviya (f)	مولدافيا
Rusia (f)	rūsiya (f)	روسيا
Ucrania (f)	ukrāniya (f)	أوكرانيا

20. Los países. Unidad 2

Asia (f)	'āsiya (f)	آسيا
Vietnam (m)	vitnām (f)	فيتنام
India (f)	al hind (f)	الهند
Israel (m)	isrā'īl (f)	إسرائيل
China (f)	aṣ ṣīn (f)	الصين

Líbano (m)	lubnān (f)	لبنان
Mongolia (f)	manɣūliya (f)	منغوليا
Malasia (f)	malīziya (f)	ماليزيا
Pakistán (m)	bakistān (f)	باكستان
Arabia (f) Saudita	as sa'ūdiyya (f)	السعوديّة

Tailandia (f)	taylānd (f)	تايلاند
Taiwán (m)	taywān (f)	تايوان
Turquía (f)	turkiya (f)	تركيا
Japón (m)	al yabān (f)	اليابان

Afganistán (m)	afɣanistān (f)	أفغانستان
Bangladesh (m)	banɜladīʃ (f)	بنجلاديش
Indonesia (f)	indunīsiya (m)	إندونيسيا
Jordania (f)	al urdun (m)	الأردن
Irak (m)	al ʻirāq (m)	العراق
Irán (m)	ʼīrān (f)	إيران
Camboya (f)	kambūdya (m)	كمبوديا
Kuwait (m)	al kuwayt (f)	الكويت
Laos (m)	lawus (f)	لاوس
Myanmar (m)	myanmār (f)	ميانمار
Nepal (m)	nibāl (f)	نيبال
Emiratos (m pl) Árabes Unidos	al imārāt al ʻarabiyya al muttaḥida (pl)	الإمارات العربيّة المتّحدة
Siria (f)	sūriya (f)	سوريا
Palestina (f)	filisṭīn (f)	فلسطين
Corea (f) del Sur	kuriya al ɜanūbiyya (f)	كوريا الجنوبيّة
Corea (f) del Norte	kūria aʃ ʃimāliyya (f)	كوريا الشماليّة
Estados Unidos de América	al wilāyāt al muttaḥida al amrīkiyya (pl)	الولايات المتّحدة الأمريكيّة
Canadá (f)	kanada (f)	كندا
Méjico (m)	al maksīk (f)	المكسيك
Argentina (f)	arɜantīn (f)	الأرجنتين
Brasil (m)	al brazīl (f)	البرازيل
Colombia (f)	kulumbiya (f)	كولومبيا
Cuba (f)	kūba (f)	كوبا
Chile (m)	tʃīli (f)	تشيلي
Venezuela (f)	vinizwiyla (f)	فنزويلا
Ecuador (m)	al iqwadūr (f)	الإكوادور
Islas (f pl) Bahamas	ɜuzur bahāmas (pl)	جزر باهاماس
Panamá (f)	banama (f)	بنما
Egipto (m)	miṣr (f)	مصر
Marruecos (m)	al maɣrib (m)	المغرب
Túnez (m)	tūnis (f)	تونس
Kenia (f)	kiniya (f)	كينيا
Libia (f)	līibiya (f)	ليبيا
República (f) Sudafricana	ɜumhūriyyat afrīqiya al ɜanūbiyya (f)	جمهريّة أفريقيا الجنوبيّة
Australia (f)	usturāliya (f)	أستراليا
Nueva Zelanda (f)	nyu zilanda (f)	نيوزيلندا

21. El tiempo. Los desastres naturales

tiempo (m)	ṭaqs (m)	طقس
previsión (f) del tiempo	naʃra ɜawwiyya (f)	نشرة جويّة

temperatura (f)	ḥarāra (f)	حرارة
termómetro (m)	tirmūmitr (m)	ترمومتر
barómetro (m)	barūmitr (m)	بارومتر
sol (m)	ʃams (f)	شمس
brillar (vi)	aḍā'	أضاء
soleado (un día ~)	muʃmis	مشمس
elevarse (el sol)	ʃaraq	شرق
ponerse (vr)	ɣarab	غرب
lluvia (f)	maṭar (m)	مطر
está lloviendo	innaha tamṭur	إنّها تمطر
aguacero (m)	maṭar munhamir (f)	مطر منهمر
nubarrón (m)	saḥābat maṭar (f)	سحابة مطر
charco (m)	birka (f)	بركة
mojarse (vr)	ibtall	إبتلّ
tormenta (f)	'āṣifa ra'diyya (f)	عاصفة رعديّة
relámpago (m)	barq (m)	برق
relampaguear (vi)	baraq	برق
trueno (m)	ra'd (m)	رعد
está tronando	tar'ad as samā'	ترعد السماء
granizo (m)	maṭar bard (m)	مطر برد
está granizando	tamṭur as samā' bardan	تمطر السماء بردًا
bochorno (m)	ḥarāra (f)	حرارة
hace mucho calor	al ʒaww ḥārr	الجوّ حارّ
hace calor (templado)	al ʒaww dāfi'	الجوّ دافئ
hace frío	al ʒaww bārid	الجوّ بارد
niebla (f)	ḍabāb (m)	ضباب
nebuloso (adj)	muḍabbab	مضبّب
nube (f)	saḥāba (f)	سحابة
nuboso (adj)	ɣā'im	غائم
humedad (f)	ruṭūba (f)	رطوبة
nieve (f)	θalʒ (m)	ثلج
está nevando	innaha taθluʒ	إنّها تثلج
helada (f)	ṣaqīʕ (m)	صقيع
bajo cero (adv)	taḥt aṣ ṣifr	تحت الصفر
escarcha (f)	ṣaqīʕ (m)	صقيع
mal tiempo (m)	ṭaqs sayyi' (m)	طقس سيّء
catástrofe (f)	kāriθa (f)	كارثة
inundación (f)	fayaḍān (m)	فيضان
avalancha (f)	inhiyār θalʒiy (m)	إنهيار ثلجيّ
terremoto (m)	zilzāl (m)	زلزال
sacudida (f)	hazza arḍiyya (f)	هزّة أرضيّة
epicentro (m)	markaz az zilzāl (m)	مركز الزلزال
erupción (f)	θawrān (m)	ثوران
lava (f)	ḥumam burkāniyya (pl)	حمم بركانيّة

torbellino (m), tornado (m)	i'ṣār (m)	إعصار
huracán (m)	i'ṣār (m)	إعصار
tsunami (m)	tsunāmi (m)	تسونامي
ciclón (m)	i'ṣār (m)	إعصار

22. Los animales. Unidad 1

| animal (m) | ḥayawān (m) | حيوان |
| carnívoro (m) | ḥayawān muftaris (m) | حيوان مفترس |

tigre (m)	namir (m)	نمر
león (m)	asad (m)	أسد
lobo (m)	ði'b (m)	ذئب
zorro (m)	θa'lab (m)	ثعلب
jaguar (m)	namir amrīkiy (m)	نمر أمريكيّ

lince (m)	waʃaq (m)	وشق
coyote (m)	qayūṭ (m)	قيوط
chacal (m)	ibn 'āwa (m)	ابن آوى
hiena (f)	ḍabu' (m)	ضبع

ardilla (f)	sinʒāb (m)	سنجاب
erizo (m)	qumfuð (m)	قنفذ
conejo (m)	arnab (m)	أرنب
mapache (m)	rākūn (m)	راكون

hámster (m)	qidād (m)	قداد
topo (m)	χuld (m)	خلد
ratón (m)	fa'r (m)	فأر
rata (f)	ʒurað (m)	جرذ
murciélago (m)	χuffāʃ (m)	خفاش

castor (m)	qundus (m)	قندس
caballo (m)	ḥiṣān (m)	حصان
ciervo (m)	ayyil (m)	أيّل
camello (m)	ʒamal (m)	جمل
cebra (f)	ḥimār zarad (m)	حمار زرد

ballena (f)	ḥūt (m)	حوت
foca (f)	fuqma (f)	فقمة
morsa (f)	fazẓ (m)	فظ
delfín (m)	dilfīn (m)	دلفين

oso (m)	dubb (m)	دبّ
mono (m)	qird (m)	قرد
elefante (m)	fīl (m)	فيل
rinoceronte (m)	χartīt (m)	خرتيت
jirafa (f)	zarāfa (f)	زرافة
hipopótamo (m)	faras an nahr (m)	فرس النهر
canguro (m)	kanɣar (m)	كنغر

gata (f)	qiṭṭa (f)	قطة
perro (m)	kalb (m)	كلب
vaca (f)	baqara (f)	بقرة
toro (m)	θawr (m)	ثور
oveja (f)	χarūf (f)	خروف
cabra (f)	mā'iz (m)	ماعز
asno (m)	ḥimār (m)	حمار
cerdo (m)	χinzīr (m)	خنزير
gallina (f)	daʒāʒa (f)	دجاجة
gallo (m)	dīk (m)	ديك
pato (m)	baṭṭa (f)	بطة
ganso (m)	iwazza (f)	إوزة
pava (f)	daʒāʒ rūmiy (m)	دجاج رومي
perro (m) pastor	kalb raʕy (m)	كلب رعي

23. Los animales. Unidad 2

pájaro (m)	ṭā'ir (m)	طائر
paloma (f)	ḥamāma (f)	حمامة
gorrión (m)	ʕuṣfūr (m)	عصفور
carbonero (m)	qurquf (m)	قرقف
urraca (f)	ʕaqʕaq (m)	عقعق
águila (f)	nasr (m)	نسر
azor (m)	bāz (m)	باز
halcón (m)	ṣaqr (m)	صقر
cisne (m)	timma (m)	تمة
grulla (f)	kurkiy (m)	كركي
cigüeña (f)	laqlaq (m)	لقلق
loro (m), papagayo (m)	babaɣā' (m)	ببغاء
pavo (m) real	ṭāwūs (m)	طاووس
avestruz (m)	naʕāma (f)	نعامة
garza (f)	balaʃūn (m)	بلشون
ruiseñor (m)	bulbul (m)	بلبل
golondrina (f)	sunūnū (m)	سنونو
pájaro carpintero (m)	naqqār al χaʃab (m)	نقار الخشب
cuco (m)	waqwāq (m)	وقواق
lechuza (f)	būma (f)	بومة
pingüino (m)	biṭrīq (m)	بطريق
atún (m)	tūna (f)	تونة
trucha (f)	salmūn muraqqaṭ (m)	سلمون مرقط
anguila (f)	ḥankalīs (m)	حنكليس
tiburón (m)	qirʃ (m)	قرش
centolla (f)	salṭaʕūn (m)	سلطعون

medusa (f)	qindīl al baḥr (m)	قنديل البحر
pulpo (m)	uxṭubūṭ (m)	أخطبوط
estrella (f) de mar	naʒmat al baḥr (f)	نجمة البحر
erizo (m) de mar	qumfuð al baḥr (m)	قنفذ البحر
caballito (m) de mar	ḥiṣān al baḥr (m)	فرس البحر
camarón (m)	ʒambari (m)	جمبري
serpiente (f)	θuʿbān (m)	ثعبان
víbora (f)	afʿa (f)	أفعى
lagarto (m)	siḥliyya (f)	سحليّة
iguana (f)	iɣwāna (f)	إغوانة
camaleón (m)	ḥirbāʾ (f)	حرباء
escorpión (m)	ʿaqrab (m)	عقرب
tortuga (f)	sulaḥfāt (f)	سلحفاة
rana (f)	ḍifḍaʿ (m)	ضفدع
cocodrilo (m)	timsāḥ (m)	تمساح
insecto (m)	ḥaʃara (f)	حشرة
mariposa (f)	farāʃa (f)	فراشة
hormiga (f)	namla (f)	نملة
mosca (f)	ðubāba (f)	ذبابة
mosquito (m) (picadura de ~)	namūsa (f)	ناموسة
escarabajo (m)	xunfusa (f)	خنفسة
abeja (f)	naḥla (f)	نحلة
araña (f)	ʿankabūt (m)	عنكبوت
mariquita (f)	daʿsūqa (f)	دعسوقة

24. Los árboles. Las plantas

árbol (m)	ʃaʒara (f)	شجرة
abedul (m)	batūla (f)	بتولا
roble (m)	ballūṭ (f)	بلّوط
tilo (m)	ʃaʒarat zayzafūn (f)	شجرة زيزفون
pobo (m)	ḥawr raʒrāʒ (m)	حور رجراج
arce (m)	qayqab (f)	قيقب
pícea (f)	ratinaʒ (f)	راتينج
pino (m)	ṣanawbar (f)	صنوبر
cedro (m)	arz (f)	أرز
álamo (m)	ḥawr (f)	حور
serbal (m)	ɣubayrāʾ (f)	غبيراء
haya (f)	zān (m)	زان
olmo (m)	dardār (f)	دردار
fresno (m)	marān (f)	مران
castaño (m)	kastanāʾ (f)	كستناء

palmera (f)	naxla (f)	نخلة
mata (f)	ʃuӡayra (f)	شجيرة
seta (f)	fuṭr (f)	فطر
seta (f) venenosa	fuṭr sāmm (m)	فطر سامّ
seta calabaza (f)	fuṭr bulīṭ maʾkūl (m)	فطر بوليط مأكول
rúsula (f)	fuṭr russūla (m)	فطر روسّولا
matamoscas (m)	fuṭr amānīt aṭ ṭāʾir as sāmm (m)	فطر أمانيت الطائر السامّ
oronja (f) verde	fuṭr amānīt falusyāniy as sāmm (m)	فطر أمانيت فالوسياني السامّ
flor (f)	zahra (f)	زهرة
ramo (m) de flores	bāqat zuhūr (f)	باقة زهور
rosa (f)	warda (f)	وردة
tulipán (m)	tulīb (f)	توليب
clavel (m)	qurumful (m)	قرنفل
manzanilla (f)	babunӡ (m)	بابونج
cacto (m)	ṣabbār (m)	صبّار
muguete (m)	sawsan al wādi (m)	سوسن الوادي
campanilla (f) de las nieves	zahrat al laban (f)	زهرة اللبن
nenúfar (m)	nilūfar (m)	نيلوفر
invernadero (m) tropical	daffʾa (f)	دفيئة
césped (m)	ʿuʃb (m)	عشب
macizo (m) de flores	ӡunaynat zuhūr (f)	جنينة زهور
planta (f)	nabāt (m)	نبات
hierba (f)	ʿuʃb (m)	عشب
hoja (f)	waraqa (f)	ورقة
pétalo (m)	waraqat az zahra (f)	ورقة الزهرة
tallo (m)	sāq (f)	ساق
retoño (m)	nabta saɣīra (f)	نبتة صغيرة
cereales (m pl) (plantas)	maḥāṣīl al ḥubūb (pl)	محاصيل الحبوب
trigo (m)	qamḥ (m)	قمح
centeno (m)	ӡāwdār (m)	جاودار
avena (f)	ʃūfān (m)	شوفان
mijo (m)	duxn (m)	دخن
cebada (f)	ʃaʿīr (m)	شعير
maíz (m)	ðura (f)	ذرّة
arroz (m)	urz (m)	أرز

25. Varias palabras útiles

alto (m) (parada temporal)	istirāḥa (f)	إستراحة
ayuda (f)	musāʿada (f)	مساعدة
balance (m)	tawāzun (m)	توازن

| base (f) (~ científica) | asās (m) | أساس |
| categoría (f) | fi'a (f) | فئة |

coincidencia (f)	ṣudfa (f)	صدفة
comienzo (m) (principio)	bidāya (f)	بداية
comparación (f)	muqārana (f)	مقارنة
desarrollo (m)	tanmiya (f)	تنمية
diferencia (f)	farq (m)	فرق

efecto (m)	ta'θīr (m)	تأثير
ejemplo (m)	miθāl (m)	مثال
variedad (f) (selección)	iχtiyār (m)	إختيار
elemento (m)	'unṣur (m)	عنصر
error (m)	χaṭa' (m)	خطأ

esfuerzo (m)	ʒuhd (m)	جهد
estándar (adj)	qiyāsiy	قياسيّ
estilo (m)	uslūb (m)	أسلوب
forma (f) (contorno)	ʃakl (m)	شكل

grado (m) (en mayor ~)	daraʒa (f)	درجة
hecho (m)	ḥaqīqa (f)	حقيقة
ideal (m)	miθāl (m)	مثال
modo (m) (de otro ~)	ṭarīqa (f)	طريقة
momento (m)	laḥza (f)	لحظة

obstáculo (m)	'aqba (f)	عقبة
parte (f)	ʒuz' (m)	جزء
pausa (f)	istirāḥa (f)	إستراحة
posición (f)	mawqif (m)	موقف
problema (m)	muʃkila (f)	مشكلة

proceso (m)	'amaliyya (f)	عمليّة
progreso (m)	taqaddum (m)	تقدّم
propiedad (f) (cualidad)	χaṣṣa (f)	خاصّة
reacción (f)	radd fi'l (m)	ردّ فعل
riesgo (m)	muχāṭara (f)	مخاطرة

secreto (m)	sirr (m)	سرّ
serie (f)	silsila (f)	سلسلة
sistema (m)	niẓām (m)	نظام
situación (f)	ḥāla (f), waḍ' (m)	حالة, وضع
solución (f)	ḥall (m)	حلّ
tabla (f) (~ de multiplicar)	ʒadwal (m)	جدول
tempo (m) (ritmo)	sur'a (f)	سرعة

término (m)	muṣṭalaḥ (m)	مصطلح
tipo (m)	naw' (m)	نوع
(p.ej. ~ de deportes)		

turno (m) (esperar su ~)	dawr (m)	دور
urgente (adj)	'āʒil	عاجل
utilidad (f)	manfa'a (f)	منفعة

variante (f)	ʃakl muχtalif (m)	شكل مختلف
verdad (f)	ḥaqīqa (f)	حقيقة
zona (f)	mintaqa (f)	منطقة

26. Los adjetivos. Unidad 1

abierto (adj)	maftūḥ	مفتوح
adicional (adj)	iḍāfiy	إضافيّ
agrio (sabor ~)	ḥāmiḍ	حامض
agudo (adj)	ḥādd	حادّ
amargo (adj)	murr	مرّ

amplio (~a habitación)	wāsiʿ	واسع
antiguo (adj)	qadīm	قديم
arriesgado (adj)	χaṭir	خطر
artificial (adj)	ṣināʿiy	صناعيّ
azucarado, dulce (adj)	musakkar	مسكّر

bajo (voz ~a)	munχafiḍ	منخفض
bello (hermoso)	ʒamīl	جميل
blando (adj)	ṭariy	طريّ
bronceado (adj)	asmar	أسمر
central (adj)	markaziy	مركزيّ

ciego (adj)	aʿma	أعمى
clandestino (adj)	sirriy	سرّيّ
compatible (adj)	mutawāfiq	متوافق
congelado (pescado ~)	muʒammad	مجمّد
contento (adj)	rāḍi	راضٍ
continuo (adj)	mumtadd	ممتدّ

cortés (adj)	mu'addab	مؤدّب
corto (adj)	qaṣīr	قصير
crudo (huevos ~s)	nayy	نيّ
de segunda mano	mustaʿmal	مستعمل
denso (~a niebla)	kaθīf	كثيف

derecho (adj)	al yamīn	اليمين
difícil (decisión)	ṣaʿb	صعب
dulce (agua ~)	ʿaðb	عذب
duro (material, etc.)	ʒāmid	جامد
enfermo (adj)	marīḍ	مريض

enorme (adj)	ḍaχm	ضخم
especial (adj)	χāṣṣ	خاصّ
estrecho (calle, etc.)	ḍayyiq	ضيّق
exacto (adj)	daqīq	دقيق
excelente (adj)	mumtāz	ممتاز
excesivo (adj)	mufriṭ	مفرط
exterior (adj)	χāriʒiy	خارجيّ

fácil (adj)	sahl	سهل
feliz (adj)	saʿīd	سعيد
fértil (la tierra ~)	χaṣib	خصب
frágil (florero, etc.)	haʃʃ	هشّ

fuerte (~ voz)	ʿāli	عال
fuerte (adj)	qawiy	قويّ
grande (en dimensiones)	kabīr	كبير
gratis (adj)	maʒʒāniy	مجّانيّ
importante (adj)	muhimm	مهمّ

infantil (adj)	lil aṭfāl	للأطفال
inmóvil (adj)	θābit	ثابت
inteligente (adj)	ðakiy	ذكيّ
interior (adj)	dāχiliy	داخليّ
izquierdo (adj)	al yasār	اليسار

27. Los adjetivos. Unidad 2

largo (camino)	ṭawīl	طويل
legal (adj)	qānūniy, ʃarʿiy	قانونيّ، شرعيّ
ligero (un metal ~)	χafīf	خفيف
limpio (camisa ~)	naẓīf	نظيف
líquido (adj)	sā'il	سائل

liso (piel, pelo, etc.)	amlas	أملس
lleno (adj)	malyān	مليان
maduro (fruto, etc.)	nāḍiʒ	ناضج
malo (adj)	sayyi'	سيّئ
mate (sin brillo)	munṭafi'	منطفئ

misterioso (adj)	ɣarīb	غريب
muerto (adj)	mayyit	ميّت
natal (país ~)	aṣliy	أصليّ
negativo (adj)	salbiy	سلبيّ
no difícil (adj)	ɣayr ṣaʿb	غير صعب

normal (adj)	ʿādiy	عاديّ
nuevo (adj)	ʒadīd	جديد
obligatorio (adj)	ḍarūriy	ضروريّ
opuesto (adj)	muqābil	مقابل
ordinario (adj)	ʿādiy	عاديّ

original (inusual)	aṣliy	أصليّ
peligroso (adj)	χaṭīr	خطير
pequeño (adj)	ṣaɣīr	صغير
perfecto (adj)	mumtāz	ممتاز
personal (adj)	ʃaχṣiy	شخصيّ
pobre (adj)	faqīr	فقير
poco claro (adj)	ɣayr wāḍiḥ	غير واضح

poco profundo (adj)	ḍaḥl	ضحل
posible (adj)	mumkin	ممكن
principal (~ idea)	asāsiy	أساسي
principal (la entrada ~)	ra'īsi	رئيسي

probable (adj)	muḥtamal	محتمل
público (adj)	'āmm	عام
rápido (adj)	sarī'	سريع
raro (adj)	nādir	نادر
recto (línea ~a)	mustaqīm	مستقيم

sabroso (adj)	laðīð	لذيذ
siguiente (avión, etc.)	muqbil	مقبل
similar (adj)	ʃabīh	شبيه
sólido (~a pared)	matīn	متين
sucio (no limpio)	wasiχ	وسخ
tonto (adj)	ɣabiy	غبي

triste (mirada ~)	ḥazīn	حزين
último (~a oportunidad)	'āχir	آخر
último (~a vez)	māḍi	ماض
vacío (vaso medio ~)	χāli	خال
viejo (casa ~a)	qadīm	قديم

28. Los verbos. Unidad 1

abrir (vt)	fataḥ	فتح
acabar, terminar (vt)	atamm	أتم
acusar (vt)	ittaham	إتهم
agradecer (vt)	ʃakar	شكر
almorzar (vi)	taɣadda	تغدى
alquilar (~ una casa)	ista'ʒar	إستأجر

anular (vt)	alɣa	ألغى
anunciar (vt)	a'lan	أعلن
apagar (vt)	ṭaffa	طفى
autorizar (vt)	samaḥ	سمح
ayudar (vt)	sā'ad	ساعد

bailar (vi, vt)	raqaṣ	رقص
beber (vi, vt)	ʃarib	شرب
borrar (vt)	masaḥ	مسح
bromear (vi)	mazaḥ	مزح
bucear (vi)	ɣāṣ	غاص
caer (vi)	saqaṭ	سقط

cambiar (vt)	ɣayyar	غيّر
cantar (vi)	ɣanna	غنّى
cavar (vt)	ḥafar	حفر
cazar (vi, vt)	iṣṭād	إصطاد

cenar (vi)	ta'aʃʃa	تعشّى
cerrar (vt)	aɣlaq	أغلق
cesar (vt)	tawaqqaf	توقّف
coger (vt)	amsak	أمسك
comenzar (vt)	bada'	بدأ
comer (vi, vt)	akal	أكل
comparar (vt)	qāran	قارن

comprar (vt)	iʃtara	إشترى
comprender (vt)	fahim	فهم
confiar (vt)	waθiq	وثق
confirmar (vt)	aθbat	أثبت
conocer (~ a alguien)	'araf	عرف

construir (vt)	bana	بنى
contar (una historia)	ħaddaθ	حدّث
contar (vt) (enumerar)	'add	عدّ
contar con ...	i'tamad 'ala ...	إعتمد على...
copiar (vt)	nasaχ	نسخ
correr (vi)	ʒara	جرى

costar (vt)	kallaf	كلّف
crear (vt)	χalaq	خلق
creer (en Dios)	'āman	آمن
dar (vt)	a'ṭa	أعطى
decidir (vt)	qarrar	قرّر

decir (vt)	qāl	قال
dejar caer	awqa'	أوقع
depender de ...	ta'allaq bi ...	تعلّق بـ....
desaparecer (vi)	iχtafa	إختفى
desayunar (vi)	afṭar	أفطر

despreciar (vt)	iħtaqar	إحتقر
disculpar (vt)	'aðar	عذر
disculparse (vr)	i'taðar	إعتذر
discutir (vt)	nāqaʃ	ناقش
divorciarse (vr)	ṭallaq	طلّق
dudar (vt)	ʃakk fi	شكّ في

29. Los verbos. Unidad 2

encender (vt)	fataħ, ʃaɣɣal	فتح, شغّل
encontrar (hallar)	waʒad	وجد
encontrarse (vr)	qābal	قابل
engañar (vi, vt)	χada'	خدع
enviar (vt)	arsal	أرسل
equivocarse (vr)	aχṭa'	أخطأ
escoger (vt)	iχtār	إختار
esconder (vt)	χaba'	خبأ

escribir (vt)	katab	كتب
esperar (aguardar)	intazar	إنتظر
esperar (tener esperanza)	tamanna	تمنّى
estar ausente	ɣāb	غاب
estar cansado	taʿib	تعب
estar de acuerdo	ittafaq	إتّفق
estudiar (vt)	daras	درس
exigir (vt)	ṭālib	طالب
existir (vi)	kān mawʒūd	كان موجودًا
explicar (vt)	ʃaraḥ	شرح
faltar (a las clases)	ɣāb	غاب
felicitar (vt)	hannaʾ	هنّأ
firmar (~ el contrato)	waqqaʿ	وقّع
girar (~ a la izquierda)	inʿaṭaf	إنعطف
gritar (vi)	ṣaraχ	صرخ
guardar (conservar)	ḥafaẓ	حفظ
gustar (vi)	aʿʒab	أعجب
hablar (vi, vt)	takallam	تكلّم
hablar con …	takallam maʿa …	تكلّم مع...
hacer (vt)	ʿamal	عمل
hacer la limpieza	rattab	رتّب
insistir (vi)	aṣarr	أصرّ
insultar (vt)	ahān	أهان
invitar (vt)	daʿa	دعا
ir (a pie)	maʃa	مشى
jugar (divertirse)	laʿib	لعب
leer (vi, vt)	qaraʾ	قرأ
llegar (vi)	waṣal	وصل
llorar (vi)	baka	بكى
matar (vt)	qatal	قتل
mirar a …	naẓar	نظر
molestar (vt)	azʿaʒ	أزعج
morir (vi)	māt	مات
mostrar (vt)	ʿaraḍ	عرض
nacer (vi)	wulid	وُلد
nadar (vi)	sabaḥ	سبح
negar (vt)	ankar	أنكر
obedecer (vi, vt)	ṭāʿ	طاع
odiar (vt)	karah	كره
oír (vt)	samiʿ	سمع
olvidar (vt)	nasiy	نسي
orar (vi)	ṣalla	صلّى

30. Los verbos. Unidad 3

pagar (vi, vt)	dafaʻ	دفع
participar (vi)	iʃtarak	إشترك
pegar (golpear)	ḍarab	ضرب
pelear (vi)	taʻārak	تعارك
pensar (vi, vt)	ẓann	ظنّ
perder (paraguas, etc.)	faqad	فقد
perdonar (vt)	ʻafa	عفا
pertenecer a ...	χaṣṣ	خصّ
poder (v aux)	istaṭāʻ	إستطاع
poder (v aux)	istaṭāʻ	إستطاع
preguntar (vt)	saʼal	سأل
preparar (la cena)	ḥaḍḍar	حضّر
prever (vt)	tanabbaʼ	تنبّأ
probar (vt)	aθbat	أثبت
prohibir (vt)	manaʻ	منع
prometer (vt)	waʻad	وعد
proponer (vt)	iqtaraḥ	إقترح
quebrar (vt)	kasar	كسر
quejarse (vr)	ʃaka	شكا
querer (amar)	aḥabb	أحبّ
querer (desear)	arād	أراد
recibir (vt)	istalam	إستلم
repetir (vt)	karrar	كرّر
reservar (~ una mesa)	ḥaʒaz	حجز
responder (vi, vt)	aʒāb	أجاب
robar (vt)	saraq	سرق
saber (~ algo mas)	ʻaraf	عرف
salvar (vt)	anqað	أنقذ
secar (ropa, pelo)	ʒaffaf	جفّف
sentarse (vr)	ʒalas	جلس
sonreír (vi)	ibtasam	إبتسم
tener (vt)	malak	ملك
tener miedo	χāf	خاف
tener prisa	istaʻʒal	إستعجل
tener prisa	istaʻʒal	إستعجل
terminar (vt)	anha	أنهى
tirar, disparar (vi)	aṭlaq an nār	أطلق النار
tomar (vt)	aχað	أخذ
trabajar (vi)	ʻamal	عمل
traducir (vt)	tarʒam	ترجم
tratar (de hacer algo)	ḥāwal	حاول
vender (vt)	bāʻ	باع

ver (vt)	ra'a	رأى
verificar (vt)	iȟtabar	إختبر
volar (pájaro, avión)	ṭār	طار

www.ingramcontent.com/pod-product-compliance
Lightning Source LLC
Chambersburg PA
CBHW060028050426
42448CB00012B/2903